Homo sapiens - no controle da evolução

Robson Freitas de Matos

TÍTULO ORIGINAL

Homo sapiens - no controle da evolução

REVISÃO

João Antero Angelo

Cabrobó – Pernambuco. 2020

Dedico este trabalho ao Arquiteto do Universo, a todos os estudiosos que vieram antes de mim, aos meus contemporâneos e àqueles que ainda virão. Dedico também a meus pais e a toda minha família.

Prefácio

Antes de qualquer coisa, julgo necessário esclarecer alguns pontos que considero cruciais, desta obra, para que o leitor ou leitora não interprete as ideias e opiniões aqui apresentadas como uma tentativa de persuadi-lo de que uma teoria ou outra esteja certa, tampouco afirmar como verdadeiras, ou imutáveis, teorias e conceitos, sejam científicos ou teológicos, e pensamentos filosóficos específicos que serão abordados. Esta obra trará uma breve reflexão cientifica e filosófica sobre como se dá a "evolução dos seres humanos" quando comparado com outras espécies animais, utilizando como padrão técnico as teorias evolucionistas mais aceitas atualmente. Desta forma, os leitores poderão decidir se os argumentos apresentados nesta obra podem ou não contribuir para o seu enriquecimento cultural e científico, bem como ter a oportunidade de refletir sobre os valores filosóficos, sociais, religiosos e científicos que serão abordados aqui.

Para que o leitor leigo a respeito do tema evolução, mas é entusiasta de uma discussão saudável e produtiva acerca de temas que envolvem ciência e filosofia, faz-se necessário entendermos o básico de algumas teorias que serão abordadas constantemente nesta obra, logo no primeiro capítulo, pois este trabalho é destinado não somente àqueles que precisam do conteúdo por estar cursando o Ensino Fundamental, Médio ou Superior, mas também para todas aquelas pessoas que de alguma forma se interessam pelo tema ou possui o desejo de adquirir um pouco mais de conhecimento acerca da evolução da própria espécie, independentemente do seu grau de instrução. Assim, o leitor poderá desfrutar de uma leitura mais fluida e esclarecedora.

INTRODUÇÃO

Certo dia, eu estava no meu sofá, lendo um livro de Nicholas Sparks, quando me deparei relembrando da época em que ainda estava na faculdade, e lembro que um dos temas que mais me atraia era evolução. Lembrei-me dos debates, por vezes fervorosos, sobretudo quando o assunto tratava das teorias da origem da vida. Cada pessoa possui uma ideologia baseada em sua cultura; seus costumes e sua religião. Algumas dessas pessoas tentam, de todas as formas, impor sobre outras sua forma de pensar, sua crença, e eram nesses momentos que as discussões começavam tomar outro rumo, que não era didático, tampouco construtivo. Em meio a essas saudosas lembranças, decidi fazer uma pequena enquete no *Instagram*, sobre o tema evolução, com o seguinte questionamento: O homem está evoluindo ou burlando a natureza?

Mais de 70% das pessoas que participaram da enquete responderam que o homem está burlando a natureza. É óbvio que uma pesquisa não informal quanto essa, com uma pergunta tão direta, talvez não devesse ter tanta atenção. É possível que alguns participantes não tenham entendido, de alguma forma, os termos usados na pergunta. Contudo, o objetivo da enquete foi concretizado: instigar reflexão e debates sobre a questão. Algumas pessoas argumentaram sobre seus pontos de vista, seja científico ou filosófico, independentemente do seu credo ou convicção filosófica.

De fato, algumas questões sobre evolução permeiam a mente de muitas pessoas. O homem realmente está evoluindo? Como ocorre? Por que não conseguimos perceber a evolução do homem ou de outros seres? Conseguimos? Qual o posicionamento da igreja, enquanto instituição religiosa, a respeito desse tema? Existe mais de uma forma de evoluir?

Algumas dessas perguntas parecem ter respostas relativamente simples, mas as considero pertinentes para um entendimento, tanto do conceito em si como para o processo como um todo, bem como para a compreensão dos pontos de vista aqui propostos.

Assim, seguindo a estrada da iluminação, na busca pela compreensão do universo, ou "dos" universos que nos cercam, poderemos entrar em contato com diferentes linhas ideológicas, que sob meu ponto de vista, seguem paralelamente rumo ao mesmo objetivo, no caso desta obra, a compreensão do processo de evolução, sob os pilares científicos, religiosos e filosóficos. Espero que meus leitores consigam compreender os conceitos e ideias abordados aqui para que os questionamentos filosóficos germinem e a criatividade possa gerar frutos saudáveis para o futuro, tanto do homem quanto dos demais seres vivos e deste maravilhoso planeta no qual vivemos.

É importante ressaltar que a ideia central deste livro não deverá ser tratada pelos leitores exatamente como uma teoria, e sim um ponto de vista. Desta forma, será possível conhecer, de forma singela, como a evolução afeta os seres vivos na Terra, sobretudo o homem, e como poderá, devido ao estado evolucionário do *Homo sapiens*, influenciar o processo evolutivo de si mesmo e de outras espécies, direta ou indiretamente.

Considerando as teorias evolucionistas darwinistas verdadeiras, observa-se que o *Homo sapiens* para por um processo de transição entre duas grandes e importantes etapas de sua evolução. Na primeira etapa, o *Homo sapiens*, assim como *Homo Neandertal*, o *Homo erectus* e outras espécies do gênero humano, sofrem, originalmente, a ação da Seleção natural, como ocorre com todos os seres vivos existentes na Terra. No entanto, a partir do momento em que nossa espécie desenvolve as habilidades e capacidade de produzir ferramentas que o permitem sobreviver em diversos ambientes, passa a entrar no período de transição em que vivemos. Mas que transição? Qual a próxima etapa? O que poderemos esperar para o futuro evolutivo da nossa espécie?

A segunda etapa é caracterizada por um período onde o Ser humano já possui capacidade cognitiva o suficiente para alterar o próprio genoma, a fim de sobreviver ás diversas formas que a natureza encontra de "selecionar" os indivíduos mais aptos. Desta forma, caberá a nós, no decorrer dos capítulos, conhecer quais ferramentas serão utilizadas e compreender, de forma simplificada, seus possíveis impactos no futuro evolutivo do *Homo sapiens*.

O que é evolução?

Começar um texto com um questionamento tão direto faz parecer um daqueles exercícios que costumamos responder na escola, mas a filosofia é basicamente isso: a busca por respostas e novas perguntas. Na verdade, aquilo que conhecemos por ciência nasceu do questionamento sobre a natureza e a existência do homem, quando os mitos começaram a deixar de ser uma verdade inabalável.

Costumo afirmar que a filosofia está para o questionamento assim como a ciência está para a busca de respostas palpáveis. Dessa forma, poderemos questionar nossa própria existência e usar instrumentos práticos e teóricos para tentar sanar o máximo de dúvidas possíveis, instigando e deixando espaço para novas perguntas e possibilidades de pensamento.

Considerando o conhecimento adquirido com todo o questionamento e busca pelo saber, armazenado de diversas formas e transmitidos através das gerações, através dos mais variados veículos e técnicas, pudemos compreender como ocorre o processo evolutivo, através da Seleção natural[1]. Pode-se definir evolução biológica como o conjunto de pequenas mudanças que ocorrem nos seres vivos a cada geração, em nível genético – Neodarwinismo.

Ressalto a importância de se utilizar o termo "evolução biológica" para abordar o tema de forma técnica e científica, mas a evolução do homem, denotando alteração; mudança refere-se, portanto, a qualquer alteração ou mudança: fisiológica; morfológica; comportamental; espiritual; financeira ou social. O termo evolução, portanto, tende a ser flexível, adquirir diferentes significados e estar relacionado com diversos temas, das mais diversas áreas do conhecimento.

Tomemos um exemplo pratico e atual de um erro de interpretação que deve ser evitado. Usain Bolt, em 2009 era o detentor do recorde mundial dos 100 metros rasos. Logicamente antes dele houve outros nomes que, com o passar dos anos, tiveram seus recordes superados. No ano de 1912, o recorde nessa categoria era de 10,6 segundos; em 2009 era de 9,58 segundos[2]. Não podemos afirmar, contudo, que o homem evoluiu. Pois o resultado dessas melhorias de desempenho deve ser atribuído não somente aos fatores genéticos, mas também ao avanço das técnicas e sistemas de treinamento e nutrição específicos para aquela atividade.

Por outro lado, se considerarmos as características físicas hereditárias dos atletas mais destacados, como seu biótipo, pode-se esperar que se tais características forem transmitidas aos seus descendentes, estes terão um grande potencial de se tornar grandes atletas, e se sua sobrevivência na natureza dependesse do quão velozes podem ser em curtas distâncias, então estariam adaptados, disseminando a característica pela espécie.

Outro exemplo de como se pode cometer o equívoco no uso do termo "evolução" é quando o usamos para caracterizar uma mudança perceptível na realização de alguma tarefa ou habilidade frequente no cotidiano. Suponha que um fisiculturista dedicado ao seu esporte, nota que seu corpo e seu desempenho nas sessões de treino estão melhorando, evoluindo. Nesse caso, o atleta está melhorando seu desempenho e percebe, com isso, as alterações anatômicas que ocorrem no seu corpo. Atente-se ao uso da palavra "alteração", pois essas alterações não serão transmitidas aos descendentes do atleta, logo não se trata de evolução biológica. O mesmo equívoco pode ocorre quando dizemos que: "fulano evoluiu na carreira profissional, agora é gerente da empresa." Se analisamos os avanços na vida profissional de uma pessoa e afirmamos que ela "evoluiu", estamos dizendo apenas que a vida profissional de fulano sofreu "mudanças", "alterações". Para que essa "evolução" de fulano fosse biológica, seus descendentes já deveriam nascer aptos para o cargo de gerente, mas sabe-se não funciona assim. Caso contrário, estaríamos caracterizando a monarquia ou nepotismo.

Alguns animes e/ou desenhos animados também podem, inconscientemente, dar uma ideia errônea do conceito de evolução biológica para crianças que não tiveram contato com o tema evolução na escola. Um desses animes, desenhos animados japoneses, já era transmitido em 2001, no Brasil. Nele, os personagens humanos podem capturar seres semelhantes aos animais da vida real, mas com habilidade extraordinárias, como soltar labaredas de fogo pela boca, raios pelas bochechas, gases por orifícios espalhados pelo corpo, e até poderes mais extravagantes, como telepatia e telecinese, e utilizavam esses seres, chamados de Pokémon, para realizar duelos em competições. Eventualmente, os Pokémons "evoluíam", adquirindo outra aparência física, ainda que algumas características demonstrassem semelhança à sua forma original, além de outras características morfológicas e anatômicas ou outras habilidades.

Em uma aula introdutória sobre teorias da evolução, questionei a meus alunos do 7º Ano do Ensino Fundamental, se eles já haviam assistido ao anime: Pokémon. Aos alunos que responderam afirmativamente, perguntei: os Pokémons evoluem? E todos responderam que sim. *"Eles mudam, professor. Ficam mais fortes"*, disseram eles. Apesar de acertarem sobre o fato de haver mudanças na morfologia e anatomia dos Pokémons, não conseguiram explicar o processo que provocava essas mudanças. Seja no anime ou na vida real.

A confusão entre o conceito científico de evolução e a "evolução" dos Pokémons está relacionada, muito provavelmente, ao fato de as crianças e outras pessoas que não têm um conhecimento mais aprofundado – ou mesmo o básico – das teorias da evolução, ou simplesmente não se atentaram a essa analogia, não associaram os duelos Pokémons e seus diversos estímulos, com a luta pela sobrevivência dos animais na natureza da vida real.

A evolução é um processo contínuo, incessante e assaz complexo. Contudo, tentarei atenuar sua complexidade e tomarei as devidas precauções para que não fiquem lacunas. Uma dessas lacunas estaria na questão seguinte: Como a evolução ocorre?

Em 1859, Charles Robert Darwin publicou o livro que mudaria a forma como a ciência olharia para os seres vivos. Darwin, após anos de pesquisas, em diversos continentes, desenvolveu uma teoria que explicava como as espécies se originavam e evoluíam: A Origem das espécies. O livro vendeu só no primeiro dia, mais de 1000 exemplares[3]. No entanto, essa teoria não foi bem aceita na época, sobretudo pela igreja. Mas, com o desenvolvimento de pesquisas relacionadas à transmissão de características hereditariamente, feitas por Gregor Johann Mendel, o que marcou a origem da genética, elucidaram-se muitas dúvidas sobre a Seleção Natural, fazendo-a, hoje, a teoria mais aceita.

"Pode dizer-se, metaforicamente, que a seleção natural procura, a cada instante e em todo o mundo, as variações mais ligeiras; repele as que são nocivas, conserva e acumula as que são úteis; trabalha em silêncio, insensivelmente, por toda a parte e sempre, desde que a ocasião se apresente para melhorar todos os seres organizados relativamente às suas condições de existência orgânicas e inorgânicas".

Charles Darwin

A evolução, através da Seleção Natural ocorre ao longo de gerações, através de mudanças quase imperceptíveis quando observada de uma geração para a outra, mas ao longo de várias gerações, e de sucessivas pequenas mudanças em características específicas, observa-se que as diferenças entre as características na primeira geração observada e a mais recente tornam-se mais acentuadas. Se a característica que sofreu a mudança possibilitar que o indivíduo sobreviva no meio onde vive e consiga reproduzir, transferindo suas características para seus descendentes, então se pode dizer que este indivíduo ou esta espécie está bem adaptada. Evoluiu.

Segundo Darwin, não é necessário que grandes mudanças em um indivíduo ocorram para que ele de alguma forma sofra consequências por essa mudança. Ele diz: *"No estado de natureza, ao contrário, a menor diferença de conformação ou de constituição pode bastar para fazer pender a balança na luta pela existência e perpetuar-se assim"*[4].

A teoria da Seleção Natural havia deixado algumas lacunas por Darwin, pois em sua época, ainda não se tinha conhecimento sobre genética. Consequentemente, Darwin não incluiu, em sua teoria, processos como recombinação gênica ou mutações, mas a maioria delas foi preenchida a partir dos conhecimentos em genética desenvolvidos do Mendel. Atualmente, a teoria que concilia a Seleção Natural e os princípios da genética se chama Neodarwinismo ou Teoria sintética (ou moderna) da evolução, aceita pela maioria dos cientistas[5].

Para termos uma noção prática de como a Seleção Natural funciona, pode-se imaginar a situação hipotética seguinte: Ursos polares estão muito bem adaptados ao seu habitat, pois sua pelagem é branca, possibilitando uma ótima camuflagem na neve; as focas, suas principais presas, não conseguem identificar seu predador no deserto gelado, tornando-se presas relativamente fáceis. Assim, os ursos conseguem se alimentar o suficiente para se reproduzir, transmitindo suas características para seus descendentes, que também estarão bem adaptados. No entanto, se nesse mesmo ambiente inserirmos um grupo de ursos pardos, haverá, por causa do contraste da sua coloração com o fundo branco, da neve, a possibilidade de que suas presas os

Foto a: *Tropidurus helenae* (Manzani & Abe, 1990); Foto b: Caracara plancus (Miller, 1777) Jussara Gruber; Foto c: *Callithrix jacchus* (Linnaeus, 1758), Alexandre Vieira.

vejam com tempo hábil para conseguirem empreender fuga, deixando os ursos pardos à mercê da fome, diminuindo sua chance de sobrevivência e, por conseguinte a provável extinção da espécie. A natureza se encarrega de "selecionar" os indivíduos que estão aptos a viver naquele ambiente.

Pode-se perceber, assim, que uma simples característica como a cor do pelo de um animal pode ser crucial para a sobrevivência de uma espécie. Na Caatinga, bioma exclusivamente brasileiro, encontra-se diversas espécies de plantas com adaptações ao clima semiárido da região Nordeste. O mandacaru (*Cereus jamacaru*), um cacto, apresenta folhas transformadas em espinhos, para evitar a perda de água durante a estiagem. A catingueira (*Caesalpinia pyramidalis*), com o início das chuvas brotam as folhas, para realizar fotossíntese e todos os seus processos metabólicos e reprodutivos. Suas folhas caem com o fim do período úmido, para evitar a perda excessiva de água durante a estiagem, caracterizando-a como uma planta caducifólia[6].

A fauna do bioma Caatinga é assaz diversificada. Quase 1500 espécies, entre aves, mamíferos, répteis, anfíbios, peixes e abelhas[5]. Esse número seria maior se fossem acrescentados os aracnídeos, diga-se de passagem. Algumas dessas espécies são endêmicas, como: *Tropidurus helenae* (Manzani & Abe, 1990); Caracara plancus (Miller, 1777); *Callithrix jacchus* (Linnaeus, 1758)[7].

Cada indivíduo, independente de sua categoria taxonômica, luta diariamente para sobreviver aos desafios impostos pela natureza. Assim, eles são, hoje, o resultado de milhões de anos de Seleção Natural. Cada espécie encontrada na Caatinga está adaptada ao ambiente onde vive, assim como as espécies encontradas no Alasca estão adaptadas àquele ambiente.

Há diversos exemplos de adaptações que, de maneira engenhosa, possibilitam a permanência de uma espécie fora da lista daquelas extintas. Volumes inteiros poderiam ser publicados apenas com exemplos de adaptações, mas para o objetivo desta obra, usaremos apenas exemplos genéricos que possibilitem a compreensão pelo leitor.

Outra questão, simples, mas fundamental, trata do tempo que leva para uma espécie evoluir. Como já foi dito, a evolução é um processo contínuo e incessante, por isso abordaremos essa questão usando comparações entre espécies diferentes para que o leitor compreenda o tempo necessário que haja evolução. Tomemos como exemplo o *Homo sapiens*, já que este é tema central da discussão.

Por um longo período da história, acreditava-se que as espécies não sofriam qualquer alteração ao longo das gerações. Acreditava-se que todos os seres sempre foram como são hoje, uma ideia proposta no século IV a.C, pelo filósofo Aristóteles conhecida como Fixismo[8]. Para muitos, naquela época, era uma ideia muito convincente, assim como hoje ainda o é para pessoas leigas. Não é tão raro afirmar, para uma pessoa que não teve uma boa experiência escolar, que todas as espécies de pombos que conhecemos hoje são descendentes de um mesmo ancestral, o observar com olhar de espanto ou incredulidade.

No entanto, a partir do século XIX, quando o naturalista francês George Cuvier criou a Paleontologia[9], foi aberto um leque de possibilidades para o estudo das espécies, podendo-se, assim, tornar o Fixismo uma ideia ultrapassada. Utilizando os estudos de fósseis, objeto central da paleontologia, Darwin conseguiu estabelecer elos entre espécies vivas e seus respectivos ancestrais distantes.

Foi com o estudo de fósseis de seres muito antigos, que o elo entre as espécies pôde ser compreendido. Um desses elos entre diferentes espécies e sua evolução foi o fóssil de um animal pré-histórico nomeado Archaeopterix, um réptil (dinossauro) que possuía penas e membros superiores em forma de asas, como os pássaros, mas sua cauda era óssea e possuía dentes. Apesar de ser uma forte evidência de que esse espécime era um intermediário evolutivo entre répteis e aves, não era o suficiente até 1998. Paleontólogos encontraram fósseis do Caudipterix e o do Protoarchaeopterix, tanto um como o outro, possuíam penas que possibilitavam o voo, mas não conseguiam voar[10]. Vale lembrar que avestruzes e os pinguins são aves, mas não voam. Assim estabeleceu-se a ligação evolucionária entre os répteis e as aves.

Evolução também é o título de um filme lançado em 2001, cuja temática central é, como o próprio título indica, evolução. Neste filme, vislumbramos a possibilidade de discutir algumas teorias acerca da vida na Terra, como a origem da vida e a origem das espécies a partir da Seleção Natural.

Resumidamente, após um meteoro atingir a Terra, um cientista recolhe uma amostra e encontra uma forma de vida unicelular, que consegue se evoluir muito rapidamente na atmosfera terrestre.

Apesar de o filme ter enfatizado o processo de evolução como temática central, a origem da vida na Terra foi questionada, visto que aquela forma de vida não teve origem no nosso planeta. Desta forma, abre-se espaço para discussão acerca das teorias da origem da vida, que segundo o filme Evolução (2001), foi a Panspermia cósmica. Ela afirma que um meteoro, que atingiu a Terra, continha células extraterrestres e ao entrar na nossa atmosfera encontrou um ambiente apropriado para seu desenvolvimento e evolução.

Outra teoria da origem da vida na Terra propõe que as células que compõe os seres vivos se desenvolveram ao longo das eras, adquirindo o grau de complexidade atual, a partir de compostos orgânicos simples, como amônia (NH3), metano (CH4), e água (H20), que puderam, interagindo com a atmosfera primitiva, adquirir tal complexidade. Na década de 1950, os pesquisadores Stanley Miller e Harold Urey criaram um experimento que simulava a atmosfera primitiva terrestre proposta por Oparin.

O experimento de Stanley e Urey foi bem sucedido, mostrando a formação de moléculas mais complexas como os aminoácidos: glicina e alanina. Posteriormente, outros aminoácidos e diferentes compostos de carbono[11].

Poderíamos, a partir de um ponto de vista filosófico, supor que não é necessário que seja considerado um ser vivo para entrar no rol da evolução. Se considerarmos a evolução como um processo de mudança, sem atribuir a influência da Seleção Natural, então aquelas substâncias simples, que não são sequer "seres", da Terra primitiva evoluíram para algo mais complexo.

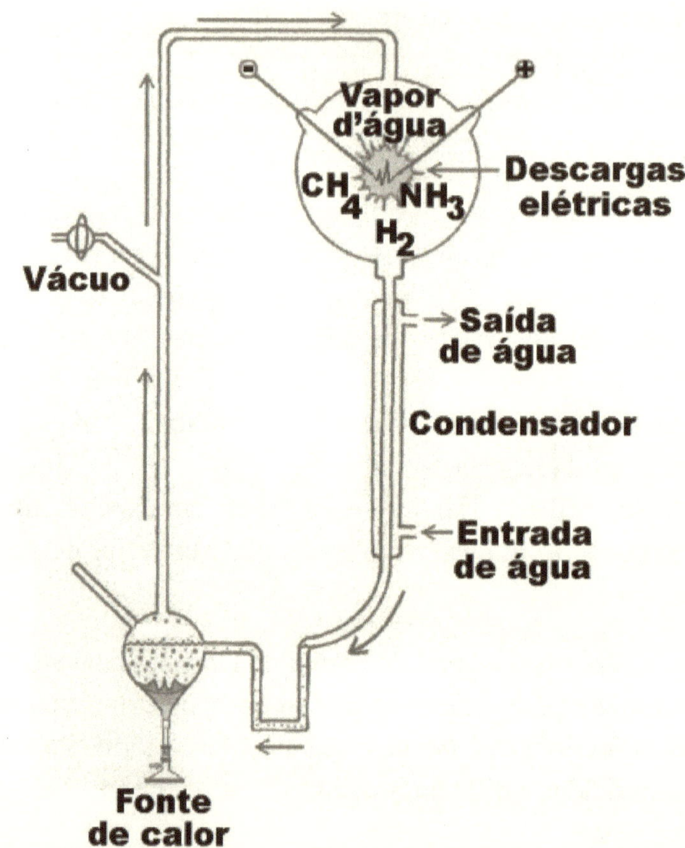

Adaptado de: MILLER, S .L., A Production of Amino Acids Under Possible Primitive Earth Conditions, Science, v. 117, p. 528.

Por outro lado, se considerarmos todos os fatores que inviabilizassem a vida na Terra como a queda de um meteoro gigantesco que provocasse uma mudança global na composição atmosférica; se durante o período de formação do nosso planeta, ele estivesse mais próximo da jovem estrela, o Sol; ou mesmo que a Terra não tivesse a matéria prima necessária para a vida, poderíamos afirmar que mesmo as substâncias mais simples estariam adaptadas ao ambiente onde se encontravam.

Assim, antes mesmo de existirmos, a Seleção Natural já trabalhava incessante e incansável na busca pelos mais aptos.

Uma forma de analisar a evolução a partir da Seleção natural foi proposta por Richard Dawkins, que apesar de parecer, inicialmente, um tanto questionável, para muitos é uma teoria que faz bastante sentido e muito aceita na comunidade científica. Para ele, toda a evolução dos seres vivos é baseada na premissa de que os genes "controlam" todo o organismo, e este é uma "máquina de sobrevivência", termo que o próprio Dawkins usa ao se referir aos organismos, que recebem instruções dos genes, de forma similar a um algoritmo[12].

Um conceito interessante para ser aplicado em um sistema orgânico como o ser humano. Um algoritmo, nada mais é que uma série finita de passos a serem seguidos para executar, resolver um problema[13]. Em termos práticos, se escrevêssemos instruções básicas de sobrevivência na Caatinga, no nosso DNA, e este controlasse nossas decisões, teríamos algo como:

1 – Se ouvir o som de passos, pare e abaixe-se.

2 – Se for uma seriema, mate-a.

3 – Se não, permaneça abaixado;

4 – Se for uma raposa, espere que ela se afaste.

5 – Se não, continue andando.

Imagine, agora, um organismo que vive cerca de 80 anos e que, diariamente, realiza diversas tarefas como escovar os dentes, se alimentar quando estiver com fome, beber água quando estiver com sede, respirar... O homem toma inúmeras decisões durante sua vida agitada, desde as mais simples como escolher o sabor de uma bala comprada no mercadinho, até quais ações comprar na bolsa de valores ou a mulher com quem irá se casar.

Dawkins defende a ideia de que os genes agem de forma egoísta, fazendo com que os organismos utilizem as mais diversas estratégias de sobrevivência e transmissão dos genes contidos no indivíduo. Embora alguns de nós tenhamos atitudes altruístas, não seria essa, também, uma estratégia programada bioquimicamente, de forma que através do altruísmo, consigamos algum benefício individual?

Algumas religiões pregam o altruísmo como uma característica nobre, que se traduz em evolução do espírito. Essa seria mais uma característica pré-programada bioquimicamente em nossos genes ou seria consequência do condicionamento gerador pela aculturação?

Essa teoria pode causar estardalhaço entre diferentes pessoas porque defende a ideia de que os seres não lutam pela sobrevivência e perpetuação da espécie, enquanto grupo, mas sim pelo benefício próprio, de cada organismo individualmente, além de extrair do ser humano aquilo tão precioso, segundo a crença cristã, o livre-arbítrio.

Aceitar que somos controlados por algoritmos bioquímicos é aceitar que todas as nossas escolhas, vantajosas ou não, são apenas instruções pré-determinadas, e não fruto da nossa subjetividade, do nosso Eu. Assim, cada pessoa, inclusive você, caro leitor, pode aceitar ou não, essa teoria como verdadeira.

Em capítulos posteriores, faremos algumas reflexões sobre como ocorreu a evolução histórica do pensamento humano, bem como o papel da cultura, religião e ciência nesse processo.

SELEÇÃO NATURAL
X
MANIPULAÇÃO GENÉTICA

Como foi mencionado na introdução deste livro, uma simples pergunta gerou uma boa discussão sobre os aspectos evolucionistas da espécie humana. Assim, logo após a enquete, alguns amigos do curso de licenciatura a responderam com argumentos assaz pertinentes.

Gessica Pontual, graduada em Licenciatura em Ciências biológicas, pelo Centro de Ensino Superior do Vale do São Francisco, que achei assaz reflexiva e que ajudará a compreender o quão lento é o processo de evolução, sobretudo em espécies cujo organismo dispõe de um alto grau de complexidade, como o *Homo sapiens*.

A resposta de Gessica Pontual foi a seguinte: "Pensando pelo lado científico, com relação à evolução das espécies, será que não seria o fato da nossa espécie evoluir mais lentamente, em comparação aos vírus e bactérias?".

Explicitamente, Gessica abordou a velocidade com que espécies diferentes se adaptam ao ambiente onde estão inseridas, evoluem. Sugerindo que cada espécie, devido o tempo de duração de seu ciclo de vida, pode ter uma evolução mais "lenta". Então, para conseguirmos obter uma resposta conclusiva, devemos voltar alguns milhares de anos na história, e analisar evolutivamente, quais fatores nos trouxeram até aqui. Como nos tornamos o que nós somos hoje.

De fato, considerando o longo período entre as gerações parentais do *Homo sapiens,* em comparação a seres unicelulares, estamos em uma desvantagem grotesca, pois organismos unicelulares, como as bactérias *Escherichia coli*, formam uma geração nova a cada 20 minutos, enquanto a média de longevidade para seres humanos em alguns países ultrapassa os 80 anos.

Fazendo um cálculo simples podemos concluir que durante o período de vida de uma pessoa que viveu, exatamente, 80 anos após o seu nascimento, ela poderia ter dado origem a pouco mais de cinco gerações, considerando, hipoteticamente, que o intervalo de tempo entre uma geração e outra fosse de 14 anos, o que corresponde à média da faixa etária capaz de se reproduzir, enquanto o *Homo sapiens* está na "corrida evolutiva" com suas 5 gerações a cada oitenta anos, as bactérias da espécie *Escherichia coli* conseguem 2.102.400 (dois milhões, cento e dois mil e quatrocentos) gerações de seres unicelulares. Nesse número imenso de gerações, é de se esperar que a espécie em questão tenha sofrido várias mutações ao longo das gerações. Mutações que, desenvolvendo características vantajosas, possibilitam que estes seres consigam se adaptar a quase todos os ambientes da Terra, incluindo o interior do corpo de animais. Inclusive dos seres humanos.

Em todo caso, não podemos pensar que nossa espécie, *Homo sapiens*, tem sobrevivido há milhões de anos, e durante esse período vem evoluindo incessantemente até os dias atuais. A espécie humana é, na verdade, relativamente nova. Fósseis de indivíduos encontrados no Marrocos e na Alemanha indica que o gênero *Homo* surgiu há cerca de 1,8 milhão de anos, enquanto a espécie Homo sapiens teve sua origem datada de cerca de 300.000 anos e não há 200.000, como se pensava até então[1]. Sendo assim, esse foi, supostamente, o tempo que nossa espécie levou para chegar onde estamos.

Pode-se observar, através dos estudos fósseis, que no período de cerca de 4.000.000 (4 milhões) de anos atrás, o gênero *Australopithecus*[2], ancestral distante do ser humano, possuía uma capacidade craniana de cerca de 500cm³, enquanto seus descendentes atuais, os *Homo sapiens*, possuem uma capacidade de cerca de 1400cm³,[3], como ilustra a imagem.

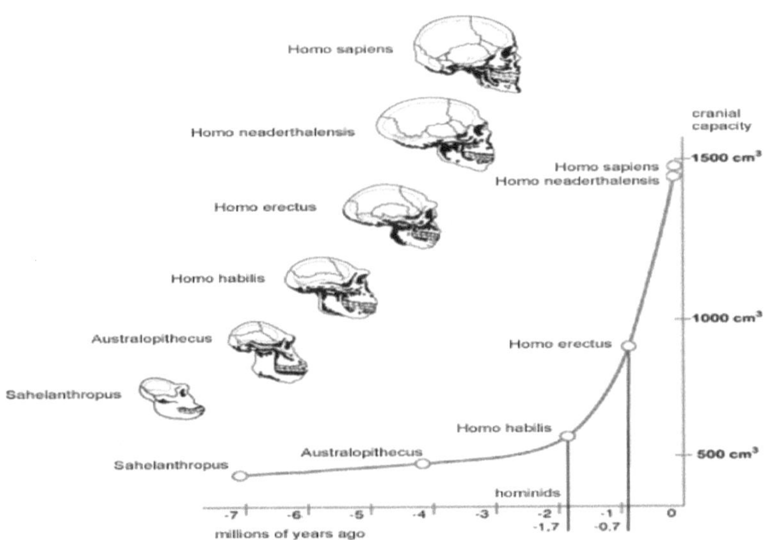

Fonte: https://www.google.com/searchhttps://www.google.com/search

Isso não indica apenas o tamanho da cabeça do indivíduo, mas sua capacidade de abrigar um cérebro maior, aumentando, uma possibilidade de adquirir uma quantidade maior de habilidades motoras e cognitivas, ou seja, mais inteligentes, em comparação aos seus antecessores.

Além do aumento no tamanho do cérebro nos hominídeos, outras características evoluíram paralelamente, como mudanças nas estruturas das mãos, possibilitando que trabalhos manuais fossem realizados com mais destreza; desenvolvimento de uma linguagem falada completa; aumento da complexidade nas relações sociais etc. Mas mesmo com quase 300 mil de anos de evolução, as mudanças mais significativas, quanto ao aspecto humano da nossa espécie, começam a ocorrer por volta de 45.000 (quarenta e cinco mil) anos atrás. Esse período é marcado por um grande avanço na tecnologia e comunicação da nossa espécie[4].

Ao usar o termo "aspecto humano", atenta-se ao fato de que, até então, somos a única espécie que atribui significado à praticamente tudo a nossa volta. Outros animais não olham uma paisagem e a admiram por sua beleza. Enquanto isso, o homem pode ser atingindo por uma torrente de sentimentos, pois pode ter atribuído àquela mesma imagem, uma variedade de significados. Muitas pessoas tratam uma cruz, usada por cristãos, com imenso respeito.

Recebi, também, respostas à entrevista, de alguns colegas de profissão tentando entender, como esperado, o que exatamente eu indagava naquela pergunta. Tentei fazê-lo da forma mais clara possível, então reelaborei a pergunta e a fiz mais ou menos da seguinte maneira: Os seres vivos que não se adaptam às intempéries do seu meio estão fadados à morte segundo a Seleção Natural, por conseguinte, à possível extinção da espécie. Sendo assim, utilizar a tecnologia na criação de vacinas e medicamentos seria uma forma de assumir que nossa espécie não está adaptada e precisa constantemente recorrer a outras estratégias?

Em conjunto, as mudanças que ocorreram no gênero *Homo* possibilitaram que a nossa espécie se tornasse a mais bem sucedida dentre as anteriores, sobretudo as modificações neuranatômicas, até o momento. Isso é evidenciado pelas descobertas arqueológicas, além de análises genéticas. Mas a nossa espécie continua a evoluir ou será que estagnou? Se o homem está evoluindo, por que não estamos nos tornando mais adaptados ao ambiente onde vivemos? Se não estamos evoluindo o que poderia estar causando esse bloqueio, já que os processos evolutivos, sobretudo a Seleção natural, são incessantes?

Um ex-aluno, agora Bacharel em Direito, Ivison Teixeira, expôs seu ponto de vista da seguinte forma: "Acredito que o uso de novas tecnologias para a criação de vacinas é uma ferramenta que auxilia na adaptação. Todos os animais buscam meios, artifícios necessários à sobrevivência, e como animal, com o ser humano não seria diferente".

Ivison Teixeira, respondeu a essa pergunta tocando em ponto muito importante da reflexão sobre a evolução humana. Ele coloca a vacina, não como a adaptação em si, mas como uma ferramenta. Contudo, devemos refletir sobre o caráter adaptativo da vacina e para responder à essa reflexão questionar se essa "adaptação" será vantajosa ou não, se terá caráter hereditário ou se configurará uma mudança benéfica para a espécie, visto que existem mecanismos naturais, como as mutações, recombinação gênica e alterações não-genéticas também chamadas de epigenética, que traduzem mudanças nos organismos vivos, mas essas mudanças não são necessariamente benéficas.

Para que consigamos prosseguir nossa discussão é necessário compreender alguns aspectos básicos sobre genética. Para tanto, tratarei a seguir de explicar os principais conceitos, aqueles que julgo fundamentais para estabelecermos a compreensão do que será exposto.

Cada ser vivo é formado por células, cujo interior abriga organelas, ou estruturas que as mantêm "funcionando". Na célula humana há uma região chamada Núcleo, e em seu interior podem ser encontradas proteínas; RNA (Ácido Ribonucleico) e o nosso DNA (Ácido Desoxirribonucléico), uma grande molécula formada por dois filamentos unidos por uma ligação de hidrogênio e entrelaçadas em um formato semelhante a uma escada em espiral. O comprimento da molécula de DNA, se esticada, chega a 1,5 metro, mas graças a certas proteínas chamadas histonas, cuja função é reduzir o volume ocupado pelo DNA, a molécula pode ser condensada como um novelo de lã, para que assim ele possa caber dentro do núcleo.

A molécula de DNA é composta basicamente por nucleotídeos, que são unidades moleculares formadas por: um açúcar pentose (desoxirribose); uma base nitrogenada, que podem ser Citosina, Guanina, Adenina ou Timina (as quatro bases nitrogenadas estão no DNA) e um radical fosfato. A composição da molécula de RNA é semelhante à de DNA. Diferencia-se pela estrutura formada de apenas um filamento, formada por um açúcar pentose (ribose, diferente do DNA); as mesmas bases nitrogenadas encontradas no DNA, com exceção da Timina. No RNA, a base nitrogenada Uracila ocupa o lugar da Timina[5].

As bases nitrogenadas se ligam umas com as outras seguindo um padrão: Citosina liga-se à Guanina, enquanto a Timina só se liga à Adenina.

A cada sequência composta por três pares de nucleotídeos do DNA, denominada código genético, sinaliza a produção de um aminoácido diferente, por exemplo: o código cuja sequência de nucleotídeos é AUG, determina produção do aminoácido Metionina, enquanto os códigos AGA e AGG sinalizam a produção do aminoácido Arginina. Essa regra vale para todos os outros aminoácidos produzidos pelo organismo humano. Assim, aquilo que chamamos de genes, são sequências de códigos que sinalizam a produção de aminoácidos específicos. Esses aminoácidos serão unidos entre si, através de ligações peptídicas, formando assim, as proteínas. Desta forma, o DNA contém todas as informações necessárias à manutenção da vida. Como uma gigantesca "receita" de como produzir as proteínas das quais o organismo humano necessita para sobreviver. Cada célula consegue criar uma réplica de todo o DNA, de forma que todas as células de um organismo terão uma cópia exata dessa molécula. Assim, quando um organismo se reproduz sexuadamente, uma parte dos genes contidas no DNA (50% do pai e 50% da mãe), é transmitida para a prole. Hereditariedade. Consequentemente, os filhos têm em seu genoma (conjunto de genes) metade dos genes de sua mãe e a outra metade, de seu pai. Ou seja, herda, geneticamente, características de ambos.

Retomando o argumento de Ivison Teixeira, sobre a possibilidade de o homem adquirir a capacidade de se tornar imune à determinada doença a partir da vacinação e transmitir essa adaptação hereditariamente. Seria demasiado simples pensar que uma vacina para gripe pudesse nos deixar hereditariamente imune ao vírus. Quase milagroso. Mas eis a questão: o indivíduo que se torna capaz de produzir anticorpos para uma patologia específica, ao gerar um descendente, este também será imune à mesma patologia que seu progenitor? A resposta é simples. Não.

Para que a característica "Imunidade ao vírus H1N1", por exemplo, fosse transmitida hereditariamente, seria imperativo que as mudanças no organismo do progenitor que recebeu a vacina ocorressem a nível molecular, mais especificamente no DNA, que como já expomos anteriormente, que é a molécula que contém todas as nossas informações hereditárias. Só assim a característica genética adaptativa seria transmitida para as próximas proles e disseminada essa característica na espécie poder-se-ia dizer que a mesma estaria adaptada. Teria evoluído.

Atente-se para o uso do termo "característica genética" no parágrafo acima, pois até alguns anos atrás, acreditava-se, baseado nos conhecimentos da genética

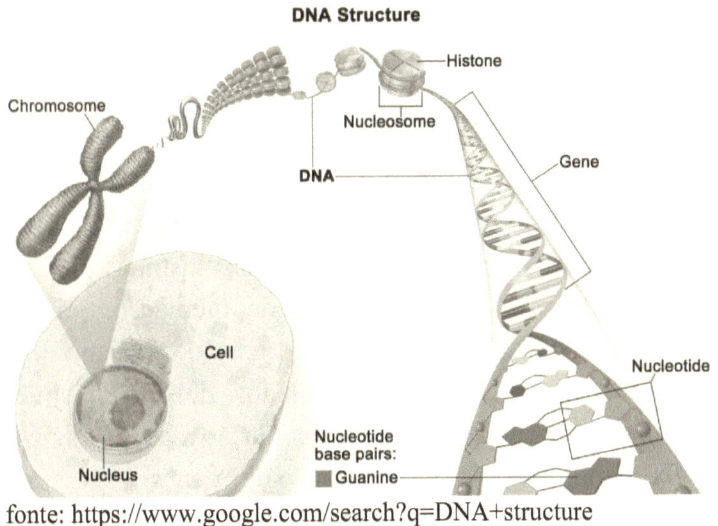

fonte: https://www.google.com/search?q=DNA+structure

mendeliana, e posteriormente, com o avanço tecnológico,

que os genes eram os únicos responsáveis por transmitir características hereditariamente. No entanto, estudos recentes demonstram que esta não é a única ferramenta de adaptação, com possibilidade de ser transmitida hereditariamente. Fatores ambientais como radiação de alta energia ou exposição à reagentes químicos podem provocar mutações nas células, que são alterações que ocorrem na sequência de DNA, sendo, na maioria dos casos, prejudiciais. Se as mutações ocorrem em células germinativas (espermatozoide ou óvulo), a mutação pode ser transmitida hereditariamente.

Outro tipo de alteração pode ocorrer não nos genes, mas sim, nas histonas. Aparentemente, as histonas, também servem como um regulador de acesso de proteínas reguladoras aos genes, fazendo com que estes sejam "ligados" ou "desligados", como o interruptor da lâmpada do seu quarto.

Durante o período de vida de um indivíduo, desde a gestação, os fatores ambientais e sociais, podem, aparentemente, provocar alterações nas histonas e no DNA, através de processos chamados de metilação (adição de grupo metila, -CH3) e acetilação (adição de grupo acetil, -COCH3). No DNA, genes metilados, deixam de sintetizar proteínas; por outro lado, a acetilação das histonas está, geralmente, relacionada à ativação dos genes[5].

O fato é que apesar de não alterar os genes em si, a "ativação" ou "desativação" da composição química dos genes afetados, provocam alterações que são transmitidas hereditariamente, mas não geneticamente. Sendo assim, chamadas de alterações epigenéticas. Pode-se esperar, pois, a partir da epigenética, que o homem transmita a característica de imunidade à gripe aos seus descendentes?

Em 2015, um grupo de cientistas descobriu que os mecanismos de regulação epigenética tornavam um organismo suscetível à infecção bacteriana após infecção pelo vírus Influenza. Isso significa que, nesse caso, o contato com o vírus modificou não geneticamente o DNA do organismo, abrindo caminho para que outro patógeno pudesse também se desenvolver. Do contrário que se esperava, em vez de se tornar imune, o organismo se tornou mais frágil, em relação à outra patologia.

Cabe ressaltar que não só doenças infecciosas, mas também alguns tipos de câncer estão associados a padrões aberrantes de metilação do DNA. Em outras palavras, a alimentação, contato com agrotóxicos, tabaco ou infecções, pode acarretar em alterações epigenéticas e, consequentemente, acometimento de algumas doenças oportunistas e alguns tipos de câncer[7].

A imagem acima mostra uma molécula de Citosina, à esquerda, e à direita uma molécula de Citosina que sofreu metilação, passando a aser chamada 5-Metilcitosina. Fonte: https://www.google.com/search

Assim, o uso de vacinas não poderia estar tornando o organismo humano mais frágil? Algumas das alterações epigenéticas não estariam contribuindo para, de alguma forma, reduzir as mutações e recombinação favoráveis à adaptação do homem ao meio? Estas são questões que acredito merecer atenção, reflexão e estudos. Por hora a vacina tem, obviamente, salvado a vida de milhões de pessoas em todo o planeta, mas classifico-a como um mecanismo de sobrevivência, não de evolução biológica. Uma prova de que nossa espécie utiliza suas habilidade e capacidades cognitivas para seguir lutando nessa guerra infinita evolutiva.

A partir do ponto de vista evolucionista, o *Homo sapiens* parece estar perdendo a corrida da Seleção natural. No entanto, se analisarmos a evolução humana, nos últimos 40.000 anos, a partir de um ponto de vista panorâmico, perceberemos que nossa espécie tem evoluído mais tecnologicamente do que biologicamente, pois esta última demanda tempo. Muito tempo. Além de estar associada aos mecanismos de Seleção natural, dos quais estou convicto de que o homem vem se sobressaindo de forma desonesta para com as outras espécies. Como se estivesse, até o momento conseguindo não ser afetado por ela, não por estar livre desse processo, mas por desenvolver meios tecnológicos que o permite continuar no ambiente. Então seria esse um aspecto da evolução humana?

Observando os processos naturais e os avanços tecnológicos nas diversas áreas desenvolvidos pelo homem, acabo interpretando a espécie humana como um organismo que está perdendo a capacidade de viver em um determinado ambiente, seja porque o ambiente esteja sofrendo alterações ou porque os próprios avanços tecnológicos impõem à nossa espécie mudanças rápidas, e decide construir um domo onde todos os fatores, bióticos ou abióticos estão a seu favor, enclausurado em um lugar onde possa seguir vivendo. Enquanto isso, fora do domo, as demais espécies estão expostas aos processos evolutivos naturais. Estão sujeitos às mutações; especiação e/ou extinção. Estão sujeitos à Seleção Natural.

A mutação também é um mecanismo de adaptação, e primordial para a evolução pelo fato de terem caráter hereditário, no entanto, é discutível a eficiência das mutações no processo de adaptação dos organismos ao ambiente, visto que as mutações, segundo a maior parte da comunidade científica, ocorrem ao acaso. As mutações são fenômenos que podem ter causas ambientais, como exposição à radiação, como os Raios-X ou até mesmo luz UV e contato com substâncias presentes no ambiente, ou pode ocorrer de forma espontânea, dentro da célula[8]. Existem diversos tipos de mutação, que vão desde uma simples troca em um par de bases nitrogenadas até o desaparecimento de um cromossomo por inteiro. Assim, pode-se afirmar que nem sempre uma mutação trará o mínimo de benefícios ao organismo, mas ainda assim, ela é de fundamental importância para o processo de Seleção Natural.

Sabendo que nossos genes determinam nossas características fenotípicas hereditárias, fica fácil compreender que à medida que mais variações de certas características poderão ser submetidas ao processo de Seleção Natural maior será o número de possíveis variações adaptadas ao ambiente, assim, caso a mutação se mostre vantajosa para o indivíduo, este poderá transmitir a mutação para seus descendentes, caso consiga se reproduzir.

Cabe salientar que as mudanças no fenótipo são pequenas e ocorrem de forma gradual. Desta forma, não poderíamos esperar que em um curto intervalo de tempo, como algumas décadas, nossa espécie desse um salto evolutivo, passando de *Homo habilis* para *Homo sapiens* ou que daqui a uma década, pudéssemos observar o *Homo sapiens* originar uma espécie semelhante à fictícia *Homo titanus,* como é abordada no filme O Titan.

Algumas mutações podem mudar abruptamente uma característica, de uma geração a outra. O albinismo nos seres humanos, por exemplo, é causado por uma mutação no gene TYR, responsável por produzir uma enzima, tirozinase, que transforma o aminoácido tirosina em melanina[9].

Na natureza, o albinismo não é uma característica vantajosa para a maioria das espécies. Se um leão albino tentasse caçar uma zebra ou qualquer outro animal, na savana, ele poderia ser visto à distancia, pois seu pelo branco não o permitiria se camuflar entre a vegetação.

A recombinação gênica é um dos fatores mais importantes para a adaptação dos seres vivos, pois esse processo aumenta a variação genética, sendo assim, fundamental para o processo de evolução biológica dos seres vivos. Desta forma, é importante que compreendamos como ocorre a recombinação gênica e transmissão dos caracteres hereditários. Estaremos assim, um passo mais próximo da compreensão de como a evolução ocorre.

Durante a meiose, nas células gaméticas, ocorre um processo de troca ou permuta de material genético entre cromossomos. Suponha que estejam sendo analisados dois cromossomos homólogos, que chamaremos de 1A e 1B. Esses cromossomos se emparelham e em locais semelhantes das moléculas, são quebrados e unidos nos respectivos locais de quebra da outra molécula. Assim, o cromossomo

1A passa a possuir material genético que era do cromossomo 1B e vice-versa. Usando uma linguagem mais informal, os cromossomos se emparelham, e ambos trocam partes de si.

Outra forma de pensar na relação entre o *Homo sapiens* e a Seleção Natural seria considerar que nossa espécie, ao adquirir a capacidade de produzir instrumentos capazes de garantir e facilitar sua sobrevivência conseguiu escapar da esfera de domínio e influência da Seleção Natural. Deixando de sofrer influência da Seleção Natural, o homem passa a depender das próprias ferramentas e estratégias de sobrevivência, que independem das mutações e recombinações, e das ferramentas necessárias para tal. Cabe relembrar que tanto a recombinação como as mutações não cessam, e são fundamentais para a continuidade das mudanças fenotípicas. Deixo explícito que o homem não está isento a essas duas ferramentas da evolução, mas defendo a ideia de que, de forma engenhosa, o homem moderno vem conseguindo escapar da Seleção Natural e que futuramente, possa deter certo controle sobre sua própria evolução.

Conhecendo os processos responsáveis por promover as mudanças fenotípicas hereditárias no homem, assim como nos demais seres vivos que habitam a Terra, tendo uma compreensão básica da forma como a Seleção Natural age para eliminar características evolutivamente vantajosas para cada indivíduo, seremos capazes de refletir sobre como poderia o homem não ser afetado pela ação da Seleção Natural.

MECANISMOS DE ADAPTAÇÃO E SOBREVIVÊNCIA:

TRAPAÇA OU EVOLUÇÃO?

À medida que os diferentes ambientes e ecossistemas sofrem mudanças, sejam de caráter climático, geológico, disponibilidade de alimentos e água, ou mesmo mudanças nas interações ecológicas, os animais mais adaptados às mudanças sobrevivem, transmitem seus genes aos descendentes e estes também sobrevivem. É o protocolo básico, imposto pela Seleção Natural, e assim como outros animais, o *Homo sapiens* esteve no rol dos seres que seriam julgados aptos ou não, a sobreviver e transmitir seus genes. Mas essa exposição ao processo de Seleção Natural começou a deixar de ser uma regra sem exceção a partir do momento em que o *Homo sapiens* deixa de depender exclusivamente de seu próprio organismo como instrumento de sobrevivência e reprodução, e começa a produzir artefatos que o auxiliam nessa tarefa.

Desde que o homem seja um ser vivente, realizando todos os seus processos metabólicos, e toda sua "máquina" celular esteja funcionando naturalmente, produzindo energia, sintetizando moléculas, sofrendo mutações, realizando recombinações gênicas e mudanças epigenéticas, pode-se dizer que ele está evoluindo biologicamente. Mas, como já expus, acredito piamente que o ser humano tem conseguido, de certa forma, se isentar, mesmo que parcialmente e com algum custo, do processo de Seleção Natural.

Minha abordagem sobre o tema é baseada, principalmente, no que mais difere o *Homo sapiens* das outras espécies, sua capacidade cognitiva. Todos os seres vivos demonstram algum tipo e nível de inteligência, mesmo que ela sirva simplesmente para distinguir o que é presa e o que não é, ou distinguir os sexos dos indivíduos da espécie, na época do acasalamento.

O homem desenvolveu uma grande capacidade de moldar o ambiente à sua própria vontade e utilizar de seus recursos da forma que lhe é conveniente. Ele também conseguiu acumular conhecimento através das gerações a partir de suas descobertas.

Teorizo que a Seleção natural vem deixando de agir sobre nossa espécie, não porque ela perdeu sua capacidade de intervir no processo de evolução e especiação, mas porque, acredito, o homem conseguiu, utilizando sua capacidade intelectual, escapar desse processo, criando as adaptações necessárias à sua sobrevivência.

Diferente de outros animais, o homem possui conhecimento sobre si e sobre seu ambiente, conseguindo, adquirir informações sobre fenômenos e lugares, em tempos tão distantes quanto a própria origem deste planeta; possui anatomia adaptada para produzir instrumentos com perícia de uma minuciosidade impensável para outros primatas; capacidade de raciocinar, criar diferentes cenários consequentes de suas ações, calculando e analisando se certas ações e comportamentos podem ser ou não vantajosas.

As capacidades cognitivas do *Homo sapiens*, sua subjetividade, criticidade e capacidade de transmitir conhecimento são características que propiciam uma maior resiliência à Seleção Natural. Portanto, neste capitulo tratarei de fazer reflexões acerca dos elementos que considero cruciais para o processo de adaptação e sobrevivência que promovem a resiliência referida, observando as estratégias e instrumentos criados pelo homem para conseguir tal façanha.

Adaptação ao clima

É evidente que a Seleção Natural atua de forma ininterrupta, em todos os ambientes do planeta, ou até do universo observável, e sobre todas as formas de vida. Mas tomemos como exemplo os ursos pardos (*Ursus arctos*)[1] e ursos polares (*Ursus maritimus*)[2], dos quais já mencionamos no capítulo sobre Seleção Natural. Várias mutações genéticas e inúmeras recombinações, além da influência exercida pelo ambiente devem ter ocorrido para que uma espécie de urso tenha evoluído divergentemente, até que em um determinado ponto no tempo, originaram-se as duas espécies que conhecemos hoje. Note que as mudanças nas características os tornaram adaptados aos ambientes em que vivem hoje, do contrário uma ou ambas as espécies poderiam ter sido extintas.

Em um ambiente extremamente frio, com superfície predominantemente branca, pela cobertura de neve e água com temperaturas baixíssimas, é mais vantajoso para uma espécie possuir características como: cor do corpo ou pelagem clara, para melhor camuflagem; grande quantidade de pelos e espessa camada de gordura subcutânea, para suportar as baixas temperaturas e habilidade de natação, para as características do ambiente citadas. Essas são características que o urso-branco adquiriu, ao longo de gerações, para conseguir sobreviver, reproduzir e transmitir seus genes para as próximas gerações.

Nesta imagem, pode-se perceber como a coloração clara do pelo dessa espécie pode confundir uma presa desatenta, ou até mesma uma presa atenciosa, com o ambiente ao redor. Imagem de Margo Tanenbaum por Pixabay

Todas as mudanças que ocorreram nos ursos, são hereditárias e não intencionais, diga-se de passagem. Atento aos leitores a esse detalhe, para que agora façamos uma associação com a espécie humana, *Homo sapiens* e a Seleção natural.

Nossa espécie, não possui uma camada de gordura capaz de isolar termicamente nosso corpo, assim como não tem uma quantidade de pelos o suficiente para nos aquecer. Mas adquiriu, a partir de pesquisas, conhecimento sobre os materiais que servem como isolantes ou condutores térmicos; pôde desenvolver equipamentos e instrumentos adequados para diferentes situações climáticas. O homem aprendeu a produzir fogo, que o aquece em épocas e ambientes frios e dominou a arte de confeccionar tecidos capazes de manter nossos corpos em sua temperatura ideal de aproximadamente 36,5°C, enquanto o ambiente externo está frio, funcionando, analogamente, como os mecanismos naturais de ursos polares.

Atualmente, o homem pode, através dos serviços meteorológicos muito precisos, fazer previsões das possíveis condições climáticas de uma região. Assim, se você mora numa região de alta latitude como Canadá, e ouvir o jornal avisar sobre uma nevasca, só precisa tirar as roupas de inverno do armário e se agasalhar. Não precisar esperar milhões de anos para que seu corpo se adapte às temperaturas de -20° Celsius.

A história da adaptação dos humanos ao clima inicia-se com a confecção de roupas feitas de pele de animais, há cerca de 170 mil anos. Para que os humanos pudessem migrar para o norte da África, uma região mais fria, um dos fatores prováveis seria a utilização de roupas apropriadas, que os ajudasse suportar temperaturas mais baixas. Essa teoria é fundamentada em estudo do sequenciamento genético de piolhos de vestuários, chamada de "teoria do piolho"[3]. Mas a história da vestimenta só começa aí. A tecelagem pode ter se iniciado há 27 mil anos; produziram linho – com uma qualidade semelhante à atual, cerca de 3.000 anos a. C. Aqui, a vestimenta passa a não ser apenas uma ferramenta de adaptação ao clima da região, mas também um indicador da posição social de cada indivíduo, onde um simples camponês vestia uma roupa de qualidade mais baixa que a roupa de um faraó[4]. Talvez não seja necessário dizer o porquê, nem comentar que as coisas não mudaram muito.

Quase 3800 nos atrás, a China descobria o minucioso trabalho de produção da seda. Uma mariposa *Bombix mori* – a mais comum – põe seus ovos nas folhas de uma planta, amoreira. Ao eclodir, as larvas conhecidas como bicho-da-seda, se alimentam das folhas da árvore por alguns dias e em seguidas produzem seu casulo, utilizando sua saliva, que contém uma proteína específica, a sericina. Para transformar, o casulo do bicho-da-seda é retirado da árvore e posto para secar. Em seguida, após a secagem, os casulos são cozidos – com as larvas ainda dentro, e essa é a parte que pode trazer certo repúdio à produção desse tipo de tecido. A sericina amolece, tornando-se possível a produção dos fios de seda, que dão origem ao tecido propriamente dito[5].

A seda, desde sempre teve um alto preço para os consumidores. Na primeira metade do século XX, porém, foi desenvolvido um tipo de fibra têxtil que não depende da matança de uma espécie animal ou cultivo de uma planta para que sua produção seja possível, o Nylon. Presente atualmente na composição, desde escovas de dente, biquínis até linhas de pesca. Por um preço muito inferior à seda, as meias de Nylon tiverem recorde de venda em sua estreia no mercado[6]. Note que, apesar de seu preço atraente, a produção do Nylon impacta o meio ambiente, pois sua produção a partir de petróleo bruto pode ajudar a exaurir esse recurso, assim como a produção do ácido adípico – um dos componentes do Nylon, juntamente com um agrupamento amina – através de processo químico, costuma produzir óxido nitroso (N_2O), um gás do efeito estufa[7].

O Nylon possui uma boa capacidade de conservar o calor, não são atacadas por insetos e secagem rápida. São boas características para um tecido cuja função seja manter nosso corpo aquecido, ou que possamos lavar e usá-lo novamente em um breve período de tempo de secagem[8].

É muito comum – pra quem visita praias com certa frequência – observar surfistas usando uma roupa emborrachada, quando vão "pegar" algumas ondas. Assim como a roupa de mergulhadores e nadadores que praticam o esporte em águas muito frias. Os surfistas usam aquela vestimenta a fim de evitar hipotermia. São feitas de um tecido conhecido como neoprene, que serve como isolante térmico[9].

As tecnologias desenvolvidas para melhorar a capacidade de adaptação a diferentes climas não são, exclusivamente, direcionadas para o clima da Terra. Elas também são utilizadas em roupas espaciais.

A busca por alimento

Ao longo de toda evolução da vida na Terra, os seres desenvolveram diferentes formas de conseguir os nutrientes necessários para manter seu organismo em pleno funcionamento. Desde as primeiras células complexas, que segundo alguns especialistas, eram seres fermentadores, ou seja, utilizavam matéria orgânica simples como fonte de obtenção de energia e liberavam gás carbônico e álcool. Em seguida, seres unicelulares adquiriram organelas capazes de utilizar a luz do Sol como catalisador de uma reação entre moléculas de gás carbônico e de água, formando moléculas de glicose e oxigênio, principal fonte energética dos seres vivos. Um processo conhecido como fotossíntese.

Nesse grupo de células encontram-se as plantas e cianobactérias (algas azuis). Com a atmosfera se enriquecendo de oxigênio, algumas células passaram a abrigar células capazes de converter a glicose em energia, utilizando o oxigênio disponível, dando origem às células aeróbias heterotróficas (de acordo com a teoria da endossimbiose, proposta pela bióloga americana Lynn Margulis, em 1981. Os vegetais também passaram por esse processo[1]).

Essa foi a origem da nutrição dos seres vivos, mas ela se torna muita mais complexa quando analisamos a necessidade que os animais têm de usar artimanhas, estratagemas para conseguir sua parcela de alimento necessário para sua sobrevivência e reprodução.

Na natureza, os predadores utilizam as mais diversas formas de capturar sua presa. Algumas parecem simplesmente instintivas, outras demonstram que o animal possui um grau de inteligência mais elevado, quando comparado com animais de outra Classe, ou outra Ordem. Todos, porém, utilizam estratégias adaptadas ao seu meio e suas características morfofisiológicas.

Embora possamos imaginar que apenas alguns poucos animais apresentam algum nível de inteligência, a ponto de serem capazes de montar estratégias tão complexas – considerando que não se trata de um animal "racional" – um dos tipos de orcas (*Orcinus orca*) encontradas na Antártida, costumam caçar suas presas em grupo. Ao avistar uma foca sobre um bloco de gelo, grupos de orcas provocam uma pequena onda, com a intenção de derrubar a foca e capturar sua refeição. Além de realizar uma estratégia que exige certo grau de inteligência, as orcas também se mostram bastante específicas sobre qual espécie de foca preferem caçar[2].

Todas as raças de cães atuais descendem de um mesmo ancestral, o lobo. Os lobos-cinzentos (*Canis lupus*) são animais extremamente organizados e metódicos. Costumam viver em grupos, a alcateia, onde é estabelecida uma hierarquia. O líder, alfa, é o único que se reproduz na alcateia. Demarca território, lidera a caçada e fica com a melhor parte do animal abatido. Também é responsável por defender a caça abatida de outras alcateias.

Na hora da caçada, os lobos-cinzentos identificam silenciosamente uma potencial presa, se aproximam sorrateiramente e, quando a presa percebe o perigo iminente, a alcateia inicia sua corrida alucinada em busca de sua comida. Ao alcançar seu alvo, os lobos inserem seus dentes afiados no pescoço, nariz e flanco do animal. Podendo abater presas varias vezes maior que seu próprio peso, os lobos-cinzentos estão entre os melhores caçadores mamíferos da natureza[3].

Utilizar o termo "busca" no subtítulo deste capítulo pode dar uma ideia errônea de movimento, pois se supõe que algum ser vivo está se locomovendo pelo ambiente à procura de suas fontes nutricionais. Essa ideia de movimento, contudo, por ser relacionada a alguns seres autótrofos, como as plantas, e, talvez o uso desse termo possa parecer incorreto, inicialmente, pelo fato de enxergarmos as plantas como seres sésseis, imóveis, mas com o exemplo de estratégia de busca pelo alimento que darei a seguir, poderemos concluir o quão importante é ver a mesma situação pelos diversos ângulos.

As plantas precisam, essencialmente, de água, gás carbônico e compostos nitrogenados. Contudo, em alguns ambientes, como pântanos, a falta ou escassez de nutrientes ricos em nitrogênio promoveu certas mudanças em algumas plantas. Para suprir a necessidade de nitrogênio, algumas plantas como a *Dioneae muscipula* mantém suas folhas, modificadas na forma de duas mãos, abertas[4]. Darwin também estudou esta planta, realizando alguns experimentos simples acerca do mecanismo utilizado por ela para capturar suas presas. Quando um inseto pequeno, como uma mosca, pousa na folha, tocando em vários pelos da folha em um curto espaço de tempo, ela se fecha rapidamente, prendendo o inseto, que agora será encharcado com substâncias digestivas produzidas pela planta[5]. A mosca será digerida e absorvida, suprindo a necessidade de nitrogênio dessa pequena e voraz planta carnívora.

Se você percebeu, para que a planta pudesse capturar sua presa, a mosca, foi preciso que esta fosse até sua captora, e a planta, ao perceber que ali estava uma fonte nutricional rica em nitrogênio, também realizou movimento para que pudesse prender seu alimento até que fosse digerido.

Assim como tudo no Universo, ou nos Multiversos, está em movimento constante, os seres vivos também estão.

Já não precisamos caçar há muito tempo. Se quisermos comer frango, na mercearia da esquina tem; se quisermos comer carne de boi, na mercearia da esquina tem; se quisermos beber leite, não precisamos ordenhar uma vaca, na mercearia da esquina tem. Para quem mora na zona urbana, a busca pelo alimento é muito prática e conveniente. Mas como o homem adquire seu alimento hoje?

Partindo da premissa de que o homem já necessitou essencialmente de sua própria força, velocidade e inteligência para caçar pequenos animais e coletar frutas, podemos avançar a nossa história em alguns milhares de anos e discutir apenas as estratégias de obtenção ou captura de alimento na natureza ou, quando for o caso, do criatório ou plantação.

Atualmente, o homem pode cultivar praticamente qualquer coisa, desde que se tenha o solo adequado e água o suficiente. Desde que aprendeu a cultivar, o homem aprimorou suas técnicas, aumentando a produtividade e a eficiência acerca do consumo hídrico.

Com o sedentarismo da espécie humana, além de cultivar, nossa espécie passou a criar animais que poderia utilizar como fonte de alimento, transporte ou a auxiliasse no trabalho. Para suprir a demanda, jogar um anzol com uma isca preso a uma linha não é o suficiente. Redes de pesca podem pegar centenas de peixes de uma só vez.

Observando o movimento migratório dos peixes, descobriu-se a melhor época e locais para fazer a pesca sustentável.

Enquanto vários lobos seriam necessários para caçar uma rena, apenas um homem com um rifle já seria o suficiente. Um homem pode também colocar uma armadilha em um local estratégico, capturar e matar um urso-pardo; uma onça ou um leão. Estes últimos, ainda são caçados, mas não como fonte nutritiva, apenas por "esporte".

Nossa espécie não faz jornadas pelas florestas em busca de animais silvestres, que alimente toda a sua família ou sua tribo, com exceção de habitantes das zonas rurais, tribos indígenas e remanescentes quilombolas, que ainda praticam a caça, pescam e coletam como forma de subsistência.

A carne dos animais dos quais nos alimentamos estão, majoritariamente confinados em um curral, sendo alimentado com capim e ração, para ganhar peso o mais rápido possível, e em seguida são abatidos, possivelmente sem muita higiene. Empacotados e enviados para os supermercados de sua cidade. Dependendo de onde você mora, poderá encontrar parte do animal sendo retalhado no meio da rua, num frigorífico ou no açougue do Sr. João.

Na natureza, os leões precisam caçar sempre que quiserem ou sentirem a necessidade de se alimentar. O homem pode guardar seu alimento por semanas, no congelador. O milho tem um prazo de validade de meses, desde que esteja dentro de uma lata cheia de conservantes. Um bezerro precisa fazer uma sessão de Yoga toda vez que sentir fome, contorcendo seu pescoço, tentando alcançar o úbere se sua mãe. O homem só precisa ir até a mercearia da esquina e comprar uma caixinha com 1 litro de leite, guardar em sua geladeira. Quando sentir vontade de ingerir um líquido branco e muito nutritivo, é só abrir a geladeira, desenroscar a tampa e beber; a partir daí, dependendo da empresa que "produziu" aquele leite, poderá consumi-lo em até 3 dias.

Além de ser muito eficiente, em certos casos, em obter o alimento, o homem teve uma enorme vantagem evolutiva quando dominou as técnicas de preparo das suas refeições, ou seja, quando aprendeu a cozinhar. Para adquirir um encéfalo tão grande como o nosso, comparado aos nossos parentes mais próximos, os gorilas e orangotangos, em tão pouco tempo, seria necessário obter uma quantidade maior de calorias diárias. A forma mais plausível seria mudando o trato com os alimentos[6].

Não necessariamente colocar o alimento em uma panela com água fervendo, algumas verduras e legumes, e uma pitada de sal e orégano. A carne obtida na caça poderia ter sido amaciada, cortada, batida, realizando, segundo Suzana, uma espécie de pré-digestão fora do corpo. Visto que a essa altura, o gênero *Homo* já era capaz de usar seu córtex cerebral, pois tinha relações sociais que demandavam certo grau de inteligência e raciocínio, como organização na hora da caçada, memorização, autocontrole e comunicação.

É uma teoria bastante interessante e que mostra coerência ao tentar explicar um dos fatores que influenciaram no sucesso evolutivo do gênero *Homo* e reforça a ideia de que o intelecto do homem o vem ajudando a vencer os obstáculos impostos pela Seleção Natural.

Não é necessária muita massa cinzenta para imaginar o quão difícil era estocar comida na época em que os Neandertais andavam por aí. Toda e qualquer comida que fosse encontrada em suas caçadas e coletas deveriam ser comidas, basicamente, na mesma hora. Ora, como eles poderiam deixar para depois, se em pouco tempo o alimento apodreceria? Lembre-se que eles não tinham geladeira e ela só foi inventada cerca de 28.000 anos após sua extinção.

A partir do momento em que o homem percebeu de que forma poderia conservar seu alimento, para que não precisasse sair para caçar ou colher algumas frutas, raízes ou sementes, sempre que tivesse fome, reduziu sua probabilidade de ser atacado por animais ferozes e famintos como ele, passando do status de consumidor para presa.

A lista de materiais e processos que o homem desenvolveu com o intuito de facilitar e agilizar sua refeição é enorme. São diversos os processos de conservação de alimentos utilizados pelo homem, e cada um deles pode ter mais de uma forma de ser executado, de acordo com a finalidade, eficiência e manutenção da qualidade nutricional dos alimentos.

Um dos processos mais comuns e utilizados no Brasil é a pasteurização, um método criado pelo químico francês, Louis Pasteur. O método consiste em aquecer a substância a temperaturas elevadas, em seguida as resfriando, causando a morte de até 99% dos microrganismos potencialmente patogênicos[7]. Louis Pasteur, contudo, tentava, no século XIX, através de um experimento, provar que todos os seres vivos são originados a partir de outro pré-existente, a teoria da biogênese[9]. Para tanto, Pasteur realizou um experimento fervendo um caldo nutritivo em um recipiente do tipo pescoço de cisne, resfriando-o. Somente após o "pescoço" do recipiente ser quebrado e o caldo entrar em contato com o ar contaminado era que se observava o aparecimento de microrganismos[8]. Assim, além de provar empiricamente que a teoria da biogênese estava correta, também desenvolveu um método de prolongar o tempo de validade de alguns alimentos.

A utilização do frio também é assaz eficiente no prolongamento do prazo de validade dos alimentos. Este método consiste em manter os alimentos a uma temperatura muito baixa. Isso faz com que a reprodução e metabolismo dos microrganismos sejam retardados ou inibidos, o que permite os alimentos, de origem animal ou vegetal, demorarem muito mais tempo até que não estejam mais em boas condições para o consumo[10].

Atualmente, a maioria das habitações possui pelo menos um aparelho refrigerador, mais conhecido como geladeira. Embora seja quase um item obrigatório em uma casa, atualmente, 2019, em épocas não muito distantes, esse instrumento tecnológico não fazia parte do cotidiano de muitas pessoas. Mesmo sendo inventada em 1850 e construídas versões para o público em geral por volta de 1910[11], muitas pessoas ainda vivem sem geladeira, visto que nem todos os habitantes da Terra pode desembolsar R$1.000,00 para comprar uma geladeira nova, ou mesmo pagar R$300,00 por uma usada. Nesse caso, outros métodos de conservação podem ser aplicados, como a secagem ou desidratação do alimento.

O planeta Terra possui uma variedade estonteante de ecossistemas, desde florestas tropicais, como a Amazônia, até os desertos escaldantes, como Sahara. Em todos esses ecossistemas pode-se encontrar algum tipo de vida, seja animal ou microbiana, sobretudo nas florestas tropicais.

No nordeste brasileiro, o bioma predominante é a Caatinga. Caracterizado por altas médias de temperaturas anuais; baixo índice pluviométrico, com chuvas mal distribuídas, a vida só é possível graças às adaptações que a fauna e flora adquiriram.

A população humana dessa região, principalmente moradores de zona rural, cujo acesso à água se dava apenas em épocas chuvosas, criavam – e criam até hoje – uma espécie altamente adaptada às condições climáticas e disponibilidade e alimentação da região e, apesar dos recursos escassos, geram alguma renda ou subsistência, a partir de sua carne muito utilizada em pratos típicos e restaurantes de toda a região, além de seu couro que, após tratamento, dá origem a diversos objetos, bolsas, sandálias, chapéus, chaveiros. A lista é enorme e depende apenas do potencial criativo do homem. Os caprinos (bodes e cabras), além dos bovinos, desta forma, são muito comuns no Nordeste, sobretudo numa sub-região denominada Sertão.

Após abater um animal, era muito comum suas carnes serem salgadas e expostas ao Sol para que se reduzisse a quantidade de água no alimento, garantindo assim, que ele pudesse ser consumido muitos dias após o abate. De fato, esse processo, a secagem, é assaz eficiente, pois se retirando parte da água, reduz-se a atividade dos microrganismos[12,13]; e seu custo é quase zero.

Embora pareça uma forma um tanto rústica de conservar o alimento, não deixa de atender às necessidades adaptativas da espécie humana. Não é exatamente isso que o *Homo sapiens* vem fazendo durante os milhares de anos de sua existência? Se adaptando às suas necessidades, seja através de suas mutações ou por meio de sua capacidade criativa e inventiva?

A criação e desenvolvimento de métodos e aparelhos que permitissem prolongar a vida útil dos alimentos, não somente a forma de agir e gerir o tempo, também trouxe transformações econômicas, visto que, utilizando esses métodos, o homem passou a poder transportar alimentos para regiões mais distantes, cuja viagem poderia demorar meses. Também possibilitou que vacinas, sangue e outras substâncias, células e até órgãos, pudessem ser armazenados e transportados, salvando a vida de milhões de pessoas que vivem em regiões distantes dos centros médicos ou cujo acesso é difícil, ou de pessoas que precisam de alguma forma de transplante.

Pode-se dizer que a criação e desenvolvimento dos métodos de conservação de alimentos são mais um degrau na escada evolutiva humana. Uma escada íngreme e interminável.

Apesar de os métodos de conservação de alimentos terem revolucionado a forma como administramos aquilo que comemos, essa praticidade na alimentação pode trazer certos males, como intoxicação por alimentos contaminados através de armazenamento e métodos de conservação inapropriados; realizados de forma errônea ou contaminados durante os processos de industrialização dos alimentos, como os enlatados.

Algumas empresas utilizam aditivos, substâncias que ajudam a prolongar o prazo de validade dos alimentos[12], manter o aroma, a cor e a textura e o sabor. Os aditivos podem ser naturais ou sintéticos. Estes, em especial, merecem nossa atenção, pois quando utilizados em dosagem mais alta do que o recomendado podem ser muito tóxicos, no caso dos aromatizantes.

Acidulantes, como o ácido fosfórico, utilizado em refrigerantes, é danoso à saúde óssea e pode causar desequilíbrio hormonal[14]; alguns corantes e conservantes são potencialmente alergênicos, podem causar hiperatividade em crianças e até provocar câncer[14]. Contudo, todos os aditivos são avaliados continuamente, para que ao perceber a nocividade para o homem, a substância possa ser retirada do mercado pelas autoridades competentes. No Brasil, a instituição responsável por fiscalizar a qualidade dos alimentos comercializados, além dos locais onde são produzidos e armazenados, é a Anvisa (Agencia Nacional de Vigilância Sanitária). Ela, de certa forma, promove a sobrevivência dos brasileiros, "eliminando" qualquer ameaça à saúde da população que venha dos alimentos. Assim, se a população brasileira não for extinta por um microrganismo presente nos alimentos industrializados, agradeça à Anvisa.

Pique-esconde natural

A Seleção natural, apesar de implacável, parece ter um senso de justiça assaz aguçado, de forma que para sobreviver, um organismo não precisa necessariamente ser dotado de grande força ou velocidade para escapar de seus predadores, se por acaso ele estiver em níveis tróficos mais próximos da base. Precisa, às vezes, de mecanismos simples, mas eficientes, na luta pela sobrevivência.

Até alguns anos atrás era muito comum ver crianças brincando de pique-esconde. Um jogo popular onde um indivíduo (criança) conta, por exemplo, de 1 a 20, enquanto os outros se escondem. Quando as crianças permanecem encolhidas em uma sombra, tentando escapar do olhar daquela que estava contando, está, inconscientemente, praticando uma das estratégias mais básicas de sobrevivência. A camuflagem. Esse aprendizado é ainda mais nítido e eficaz quando as crianças percebem que usar uma roupa de cores claras pode não ser muito vantajoso durante o jogo de pique-esconde e passam a utilizar roupas escuras, visto que, para ter êxito no jogo, deve simular as cores do ambiente, que normalmente realizado à noite.

Na natureza, inúmeros são os exemplos de organismos que foram selecionados pela natureza devido sua capacidade de se misturar ao ambiente, tornando-se invisíveis. Podendo, desta forma, sobreviver tempo o suficiente para que consiga transmitir seus genes.

O urso-branco, por exemplo, após gerações e sucessivas mutações, adquiriu características que o possibilitaram sobreviver em um ambiente, extremamente frio e com coloração predominantemente branca, que o torna quase imperceptível para suas presas, aumentando consideravelmente suas chances de capturar uma presa.

Dentre as adaptações que o homem sofreu para sobreviver nos diferentes ambientes, podemos citar a cor da pele como uma das mais facilmente observáveis. À medida que as espécies que deram origem ao *H. sapiens* tiveram a quantidade de pelos no corpo reduzido, outra característica foi expressa. Um conjunto de células encontradas acima da derme, chamadas melanócitos, possui a capacidade de produzir melanina, uma proteína cujas principais funções são: dar a coloração, principalmente à pele, e proteger as células abaixo delas, dos raios UV, que vêm da radiação solar[1]. Assim, as pessoas com albinismo, estando exponencialmente mais expostas à radiação solar, demonstrariam um número muito elevado de indivíduos acometidos por câncer de pele como carcinoma de células escamosas e carcinoma de células basais[2].

No estado selvagem, pois, pessoas albinas podem configurar um exemplo de uma mutação não vantajosa para o indivíduo, podendo este não sobreviver, visto que até sua visão é muito prejudicada por essa condição.

Pode-se afirmar então, que as pessoas que possuem mais melanina em sua pele estão mais protegidas dos raios solares, consequentemente menos suscetível a cânceres que acometem a pele. Deixando de lado os estereótipos, os negros são mais bem adaptados a viver em regiões com maior incidência solar, visto que a coloração escura da sua pele se dá devido à grande produção de melanina. E a respeito da alteração de características de acordo com as mudanças sazonais de clima ou exposição a um determinado estímulo, uma pessoa de pele clara passa a produzir mais melanina quando exposta à luz solar, isso faz com que sua pele ganhe tons mais escuros. No entanto, não é o suficiente para camuflar, como fazem as Raposas-do-ártico.

A Raposa-do-ártico (*Vulpes lagopus*), assim como o Urso branco, possui a pelagem adaptada ao ambiente onde habita, mas diferente dele, A Raposa-do-ártico pode mudar a coloração de sua pelagem de acordo com o clima.

Ela vive na Tundra. No período em que o ambiente está totalmente coberto por neve e gelo, tornando a paisagem incrivelmente clara, num inverno que dura cerca nove de meses, a Raposa-do-ártico tem pelo branco. Com o fim do inverno, o gelo e a neve derretem, dando lugar às gramíneas, alterando a cor predominante no ambiente, e a Raposa-do-ártico, paralelamente ao ambiente, muda sua coloração para um tom amarronzado[3], mais parecido com o ambiente, que no verão de 3 meses, aproximadamente, permanece sem o alvor da neve. Isso torna a camuflagem dessa espécie bastante versátil.

Para o homem, a camuflagem passou a ser uma adaptação acessória. O processo de produção de tintas não é novo. Comunidades indígenas, e de outras culturas, em todo o mundo produzia artefatos e roupas coloridas com pigmentos naturais como o urucum e o Pau-brasil, que foi muito utilizado pelos índios do nosso país.

O urucum é uma árvore encontrada no Brasil, em que suas sementes, quando trituradas, dão origem a um pigmento de coloração avermelhada. Originalmente, essa pigmentação era utilizada pelos índios brasileiros em seus corpos, sendo mencionada pela primeira vez, por Pero Vaz de Caminha, em 1500, ano em que os Portugueses chegaram ao Novo Mundo – até então desconhecido pelos europeus – país, que hoje chamamos de Brasil[4].

O Pau-brasil possui uma história mais dramática, conhecida por quase toda a população brasileira, e quiçá, mundial. Ao "descobrir" o que os portugueses chamavam de Novo Mundo – Brasil, descobriram também a existência de uma árvore lenhosa, cuja madeira nobre seria de grande valia para a coroa, assim como a pigmentação vermelha que poderia ser produzida com a árvore. Inicia-se então, um processo de extração do Pau-brasil e exportação para Portugal[5]. Um empreendimento assaz lucrativo para o rei, mas que quase leva esta espécie à extinção.

Atualmente, o Pau-brasil é utilizado na confecção de móveis de qualidade – e como era de se esperar, caros – e arcos para violinos.

Mas os índios brasileiros, podem não ter sido os primeiros a tingir roupas e ornamentos com pigmentos naturais. Há mais 8 mil anos, os egípcios já o faziam. Provavelmente, os primeiros a utilizarem pigmentos para tingir com cores variadas foram os egípcios[3].

Camuflagem é um atributo que exige, atualmente, muito pouca ou nenhuma adaptação do indivíduo, pois ao mudar de ambiente, o homem contemporâneo só precisa ter consigo uma roupa que imite as cores do ambiente ao redor. Isso torna a caça em diferentes ambientes muito mais eficiente, visto que os mecanismos de camuflagem do homem são exóticos e versáteis. O homem, por outro lado, não adquiriu a cor branca, na sua pele, admitindo que o albinismo não seja uma característica fenotípica eficiente, ou uma espessa camada lipídica subcutânea. Isso fez o ser humano, refém de suas inaptidões naturais, ter conseguido sobreviver em ambientes extremos, usando materiais que conseguiu produzir graças à principal força motriz: sua inteligência.

Apesar de sua limitação no que tange à adaptação a diferentes ambientes, hoje o homem pode confeccionar uma roupa com a coloração que necessitar e preferir, e que mantenha seu corpo aquecido e ao mesmo tempo camuflar-se. Substituindo milhões de gerações de mutações e Seleção Natural por um acessório assaz acessível que pode ser produzido desde a extração ou produção da matéria-prima até a manufatura, alguns meses.

Existem, porém, alguns animais cuja capacidade de se camuflar em diferentes ambientes os fazem ser, talvez, mais versáteis que o homem.

Um grupo de animais, mais especificamente, os cefalópodes, como a *Sepia officinalis*, um invertebrado que pode chegar aos 45cm de comprimento e 4 kg, consegue mudar sua cor de forma complexa, simulando o ambiente a sua volta. Essa proeza só é possível graças às células especializadas em mudar a tonalidade da cor da pele dos animais ou refletir a luz, os cromatóforos e os iridócitos, respectivamente[7].

Os camaleões também são ótimos exemplos de

Na imagem à esquerda: *Sepia officinalis* nadando sem camuflagem, na imagem à direita, a mesma espécie, usando camuflagem. Fonte: https://www.google.com/search?q=sepia

animais com habilidade natural de mudar a tonalidade de

sua cor. Esses répteis possuem cromatóforos[8], assim como os cefalópodes. No entanto, diferentemente deles, mudam sua cor, não somente para se esconderem de predadores, mas também quando estão em conflito com outros indivíduos da mesma espécie; quando disputam o território, dois machos exibem sua variedade de cores; podem mudar de cor para se parecerem com uma fêmea e evitar concorrência; tentam atrair um parceiro sexual através de uma exibição de seu arsenal artístico de cores e até para absorverem melhor a luz, de acordo com a quantidade de luz disponível no ambiente, pois os répteis são animais ectotérmicos, precisam se expor ao Sol até alcançarem a temperatura ideal para que seu metabolismo funcione perfeitamente, e assim realizar suas atividades diárias[9].

Muitos animais não possuem a capacidade de mudar sua cor de acordo com o ambiente em que esteja, seja em um breve período de tempo, como no caso dos cefalópodes, ou por um tempo mais longo, que pode variar em meses, como no exemplo das Raposas-do-ártico. Alguns animais conseguem sobreviver, pelo fato de serem bons "imitadores". Alguns não adquiriram, com a evolução, a capacidade de produzir e inocular veneno; não adquiriram uma pele grossa e rígida ou membro forte que o permitisse se proteger ou fugir dos predadores, mas são parecidos, anatomicamente, com aqueles que possuem essas características. Mimetismo é como se chama, de forma resumida, a capacidade de um ser vivo inofensivo, ser parecido com outro, porém perigoso.

A Cobra-coral (*Micrurus lemniscatus*), por exemplo, é uma cobra com veneno muito poderoso, encontrada em todo o território brasileiro, mas também existe outra espécie, a Falsa-coral (*Erythrolamprus aesculapii*)[10] que possui o padrão de coloração muito semelhante à Coral-verdadeira, no entanto, não é peçonhenta. Como é muito difícil a diferenciação entre a verdadeira e a falsa, os predadores mantêm distância. Então se você encontrar uma Cobra-coral, não se arrisque.

Se considerarmos alterações comportamentais voluntárias com intuito de conseguir alguma vantagem sobre uma presa ou para escapar de predadores, então o homem é um dos melhores nesse ramo. Ele consegue simular e imitar os mais diversos comportamentos, sentimentos e reações para alcançar seus objetivos.

Atores representam cenas dramáticas tão fielmente que, às vezes, não se consegue saber se é apenas uma encenação ou se o sentimento que estão expressando são mesmo reais, tamanha a perfeição na imitação das expressões faciais, sons emitidos e tom da voz, característicos dos momentos e dos sentimentos expressos. Políticos, quando se aproximam as eleições, passam a adquirir um comportamento mais carismático, empático e caridoso do que o de costume, imitando a personalidade de pessoas que inspiram a confiança do povo. Essa tática "politiqueira", no entanto, tende a funcionar melhor com as pessoas mais leigas a respeito do histórico do candidato. Depende também, obviamente, do quanto o indivíduo, no caso, o candidato, consegue suprimir sua verdadeira personalidade, dando lugar à imitação de uma personalidade com a qual seus eleitores sejam mais passivos de aceitação. Pelo menos até o término das votações.

Agentes de agências de investigação, para se infiltrar em um país estrangeiro, precisariam apreender a cultura e a língua, e até adquirir a aparência física dos habitantes, colocando, por exemplo, uma barba postiça e um turbante, fazendo-o se parecer mais com uma pessoa que vive no oriente médio, para que tenham sucesso na missão.

Desprovido de cromatóforos ou iridócitos, o homem precisa desenvolver instrumentos e métodos que o permita realizar, de forma eficiente, a camuflagem e mimetismo. Note-se que camuflagem e mimetismo não é a mesma coisa. A camuflagem está relacionada com a capacidade de o animal se parecer com o ambiente, confundindo seus predadores ou suas presas. O mimetismo se refere à capacidade de animais e plantas imitarem outros seres.

Algumas orquídeas produzem flores que se assemelham à fêmea de uma abelha, *Hymenoptera*, tanto anatomicamente como através da secreção de uma substância que a fêmea da abelha *Hymenóptera* secreta. Ao serem atraídos para a "falsa-fêmea", os zangões acabam recolhendo pólen daquela flor e realizando a polinização[11].

Indivíduos do gênero masculino da espécie humana conseguem imitar, perfeitamente, a fisionomia e comportamento do gênero feminino da mesma espécie. Técnicas cirúrgicas para mudança de sexo e implantes de próteses nas mamas fazem a imitação ficar tão próxima da verdadeira que às vezes é indistinguível.

Além da aparência física e comportamental, o homem aprendeu a disfarçar seu cheiro na tentativa de camuflar seus odores corporais exalados, para conseguir mais êxito nas caçadas. Não só na busca pela alimentação o homem camufla seu cheiro. Também o faz quando está à procura de um parceiro sexual. Borrifando líquidos com fragrâncias específicas, das mais diversas origens e variedades, o homem esconde seu odor natural, ao mesmo tempo que utiliza uma fragrância artificial, embora às vezes derivada de uma planta, mais agradável para outras pessoas, aumentando suas chances de acasalamento, como quando um jovem sai para a badalada vida noturna para se divertir e quem sabe conseguir uma paquera, um romance ou quem sabe até o sexo casual.

Para este último, alerto para os perigos de se contrair Doenças Sexualmente Transmissíveis ou talvez uma possível gravidez indesejada. Portanto, sempre use preservativos.

Mimetismo ou camuflagem, nossa espécie tem aprimorado sua capacidade de se adaptar ao meio, confundindo-se com o ambiente, imitando outra espécie, como forma de atrair um parceiro reprodutivo ou uma presa; escapar de um predador; conquistar a confiança de outro indivíduo através de uma imitação muito bem elaborada de diversas características e nuances do ser humano. Tudo isso utilizando meios artificiais, produzidos a partir da criatividade e habilidades cognitivas acumuladas durante os milhões de anos de evolução. Sem sofrer a ação seletiva da natureza, tem sobrevivido às inúmeras provações e perpetuado a espécie.

Em algum momento será possível que o homem consiga se camuflar naturalmente como o camaleão ou a sépia? É uma ideia bem fictícia, que, talvez, não trouxesse tanta vantagem para os humanos, afinal, de quem nos esconderíamos?

Não deixando nossa imaginação fluir como um rio sem represa, suponha que uma nação fictícia, chamada Technócia, entre em conflito com outra nação, e para ganhar alguma vantagem, investe recursos no desenvolvimento tecnológico e pretende criar indivíduos capazes de se infiltrar em instalações do inimigo e para isso libera recursos para pesquisas nas áreas de biotecnologia e genética. Realiza experimentos em humanos a fim de conseguir criar o soldado perfeito (essa estória não lhe parece familiar?). Alguns experimentos acabam matando as cobaias, até que se consegue êxito em um curioso projeto (a familiaridade acaba na parte do "êxito") modificar as células da pele humana, transformando-as em células iguais às de uma sépia, dando ao homem à capacidade de mudar de cor de acordo com o ambiente.

Por que parte dessa estória poderia nos ser familiar? Como, afinal, os cientistas conseguiram êxito em seus experimentos, acabando com a familiaridade da suposta ficção?

Apesar de trazer à tona lembranças terríveis daquela que foi uma das piores guerras entre nações, a Primeira Guerra Mundial possibilitou, indiretamente, o desenvolvimento científico de tecnologias que hoje, paradoxalmente, salva vidas.

É claro e evidente que a história do homem foi e continua sendo marcada por conflitos. Não importa o tipo de conflito, sempre o haverá. É algo inexoravelmente natural, como a respiração para os animais. Quando se trata de conflitos armados, podemos citar dois de maior significância e abrangência: a Primeira e a Segunda Guerra Mundial.

A Primeira Guerra Mundial teve inicio em 28 de Julho 1914, terminando em 1918. Quatro anos de batalhas foram suficientes para deixar cerca de 10 milhões de mortos (a estimativa da população do estado de Pernambuco para 2019 é de cerca de 9,5 milhões[19]) e 30 milhões de feridos, além do prejuízo econômico.[20] Mas nem tudo estava perdido. Dez anos após o fim da Primeira Guerra, Alexander Fleming, médico inglês, tendo conhecido na prática os horrores da guerra, decidido a encontrar uma forma de ajudar a reduzir o sofrimentos dos feridos da guerra, cuja infecções tornavam suas vidas radicalmente mais curtas, descobriu, praticamente por acaso, a Penicilina.

Depois de trabalhar duro em suas pesquisas com *Staphylococcus aureus*, sem grandes resultados, Alexander Fleming decide tirar um tempo para descansar e, de forma descuidada, deixa uma das amostras destampadas e sem supervisão. Ao retornar, obervou a amostra que havia deixado destampada e percebeu no recipiente de vidro onde deveria haver somente amostra de *Staphylococcus aureus*, havia sido formado bolor, e onde havia esse mofo, não se encontrava *Staphylococcus* ativo, ou seja, ele concluiu que o mofo era formado pelo fungo *Penicillium* e este produzia uma substância que destruía a bactéria. Nasce assim, a Penicilina. Um antibiótico poderosíssimo, capaz de combater doenças como tuberculose, pneumonia, meningite, sífilis, etc.[21]

Em 1940, a Penicilina é isolada por Ernst B. Chain e Howard W. Florey e em 1946, juntamente com Fleming, compartilham o Prêmio Nobel de Medicina e Fisiologia.[22] Poderia ter sido uma história mais feliz e menos dramática se não fossem as atrocidades da Segunda Guerra Mundial, que de certa forma, foi influenciada pela Primeira.

Deixando de lado todas as premissas da ascensão de Hitler ao poder, cabe-nos a responsabilidade de conhecer as possibilidades atuais e futuras, baseadas em conhecimentos históricos. Durante a Segunda Guerra Mundial inúmeros experimentos eram realizados utilizando cobaias humanas indiscriminadamente, e, como se não pudesse ser pior, era uma prática legitimada pelo Estado alemão. Muitos experimentos buscavam compreender a eficiência de algumas substâncias no tratamento de doenças como Malária, tétano, febre tifoide e tratamento para pessoas afetadas pelo gás mostarda, etc. Ressalto que esses experimentos não eram realizados com voluntários ou pessoas que receberiam um valor em dinheiro, comida ou abrigo para participar. Eram realizados em prisioneiros, nos campos de concentração. Grande parte nem sabia que estavam participando de um experimento e muitos não sobreviviam. [23]

Uma das características mais marcantes do nazismo alemão era a concepção de uma "raça" perfeita, uma "raça ariana". Mas o que isso quer dizer? Em termos biológicos e históricos faz algum sentido? Existe uma etnia "pura"?

Para o diplomata e escritor francês conde Arthur de Gobineu, baseando-se na teoria de Friedrich Von Schlegel, escritor e crítico alemão, criador de muitas das ideias filosóficas que inspiraram o início do movimento romântico alemão, "sua concepção de um estudo literário universal, histórico e comparativo teve profunda influência"[24], o povo alemão descendia de um povo originado na Ásia Central, chamados de arianos. Desta forma, para Gobineu, os europeus "puros" eram descendentes dos arianos[25], um povo que estariam no ápice da evolução humana.

Usando a premissa de que os alemães eram descendentes da raça ariana e, por assim dizer, eram também arianos, apoiado por Heirich Himmler, um de seus oficiais, e uma grupo de médicos, Hitler iniciou um projeto cujo objetivo seria purificar a sociedade germânica. De acordo com o historiador Philippe Burrin, Hitler teria dado ordem para a morte de "recém-nascidos portadores de deformações ou anormais"; além de "pôr fim também à 'existência indigna de ser vivida dos doentes mentais"[26]. Talvez a mais notavelmente hedionda ação de Hitler e seus alto escalão tenha sido o genocídio de judeus, poloneses, ciganos e qualquer outro grupo considerado impuro e inferior aos arianos.[27]

Embora pareça estranha e desumana, essa ideia de criar uma raça ou espécie perfeita, não é tão nova quanto parece e nem sempre tem um caráter tão diabólico como no caso do extermínio realizado pelos nazistas.

Francis Galton, Antropologista, meteorologista, matemático e estatístico inglês nascido perto de Sparkbrook, perto de Birmingham, criador do termo eugenia e descobridor da individualidade das impressões digitais (1885) e mais conhecido pelos seus estudos de hereditariedade e inteligência humana[28], além de ser primo de nada mais, nada menos que Charles Darwin, foi fundador da eugenia, que diferentemente da visão racista expressa por Hitler, essa tinha o intento de compreender as bases da hereditariedade, visto que em sua época, a discussão sobre a teoria evolucionista de Darwin ainda era assaz discutida, e promover a melhora das características da população – sem cometer qualquer crime hediondo, em sua época ou na nossa.[29] Devemos ser gratos por Hitler não ter tido o conhecimento que temos hoje, sobre genética e edição de DNA; e ficar atentos para o próximo "Führer" que aparecer e não deixar que ele ascenda ao poder.

Acerca da capacidade de "criar" uma espécie, um dos filmes da franquia Alien aborda de forma clara a complexa trama filosófica da qual fazemos parte. De onde viemos? De acordo com o filme Alien: Covenant (2017), nossa espécie teria sido criada por uma espécie mais avançada. Os "engenheiros"

Se minha ideia de que no futuro nossa espécie terá ferramentas e conhecimento o suficiente para realizar edições genéticas, e quiçá epigenéticas, bem-sucedidas nos indivíduos, a ideia de que nossa própria espécie é uma criação duma espécie mais avançada que a nossa, proposta no filme Alien: Covenant, não é uma ideia tão absurda e fictícia. O *Homo sapiens* poderá vir a ser os "engenheiros", como os do filme. Uma espécie humanoide capaz de criar geneticamente indivíduos com as características desejadas especificamente para seus propósitos. E por que não? É uma ideia fantasiosa demais para ser verdade? Lembre-se da Segunda Guerra Mundial e os experimentos dos Nazistas. Lembre-se de que sempre haverá potenciais "Hitlers", camuflados por falsas ideologias, estratégias e discursos persuasivos, querendo poder e superioridade. Personalidades e ideologias que devemos extinguir, ou nós é que seremos extintos. Talvez uma das barreiras mais poderosas para conter a ganância e egoísmo humano, no que tange a manipulação genética da própria espécie seja a ética, independentemente de qual instituição esteja disposta a expor sua discordância com o mal, seja religiosa ou acadêmica, e proteger o ser humano de si mesmo.

Neste ponto, a Filosofia é o cirurgião incumbido de extrair a ganância, a soberba e o tratamento anti e desumano do seio da espécie, e a ética é seu bisturi. A educação, sobretudo no seio familiar, e a cultura possuem, portanto, um papel importantíssimo na observação cuidadosa, e correções – mais cuidadosa ainda, podendo ser auxiliada por áreas relativas à psicopedagogia. – ético e moral, para que se consiga comportamento necessário ou esperado para uma sociedade justa, pacífica e sustentável – nos diversos contextos. Portanto, queridos leitores, sejam sempre questionadores, verdadeiros, altruístas e empáticos quanto à própria e às demais espécies.

Território

Todos os seres vivos necessitam basicamente de fontes nutricionais, parceiros reprodutivos, no caso dos seres que se reproduzem sexuadamente, e de abrigo. Este último passou a ter mais atenção e importância por parte da nossa espécie desde que passou manter-se fixa num local, criando animais e cultivando os vegetais.

Muitos animais migram em determinados períodos do ano, em busca de melhores condições de sobrevivência. Em muitos casos o clima obriga esses animais a se deslocarem milhares de quilômetros todos os anos.

As renas, na Tundra ártica, são um exemplo da necessidade do movimento migratório anual em consequência do clima. A Tundra permanece congelada por nove meses até que chega o verão, e com ele, as renas migram de regiões de latitude mais baixa até a Tundra para realizar os rituais de luta pelas fêmeas, entre os machos, e as fêmeas parirem seus filhos, onde darão seus primeiros passos e aprenderão se alimentar por conta própria. Com o fim do verão, que dura cerca de três meses, as renas adultas e os filhotes partem em uma jornada de volta a regiões mais ensolaradas, pois com o fim do verão ártico, todo o solo voltará a ser coberto de gelo e neve[1].

Outros animais, inclusive o homem contemporâneo, diferentemente das renas, constroem moradias dos mais diversos formatos, feitos dos mais diversos e até inusitados materiais. Façamos, então, uma reflexão e um paralelo entre aquilo que chamamos de território, quando nos referimos aos animais na natureza, e o que chamamos de "casa", ao nos referirmos à espécie *Homo sapiens*.

O homem aprimorou sua casa, passando de cavernas, a abrigos feitos de madeira e barro; feitos de pedras cortadas com destreza e empilhadas; aos grandes arranha-céus, encontrados nas grandes cidades.

Essa evolução da moradia humana não só propiciou mais conforto e comodidade, como também facilitou o despejo de suas excretas de forma adequada, e facilitou a higienização, evitando diversos tipos de infecções e outras doenças contagiosas. No entanto, o que deveria ser um padrão para a saúde humana ainda não é acessível para todos. Nem todos os humanos têm uma moradia digna e salubre. Ainda existem milhões de pessoas sem acesso a saneamento básico, jogando seus dejetos em rios, lagos, riachos ou no próprio quintal. Essa situação provoca uma série de problemas de cunho social e educacional para o futuro dessas pessoas e agrava os problemas ambientais, com a poluição.

Cerca de 2,3 bilhões de pessoas não têm acesso a saneamento básico[2]. Isso significa que os dejetos produzidos por essas pessoas são despejados em áreas inadequadas, propiciando um ambiente fértil para as diversas doenças transmitidas através do solo e das águas.

Não podemos esquecer que para conseguir o conforto e comodidade das nossas residências foi necessário utilizar grande quantidade de energia, seja na forma de mão-de-obra ou energia oriunda das mais diversas fontes, renováveis ou não, desenvolvidas pelo homem. A energia que é gasta na construção de uma casa, por exemplo, é apenas uma pequena parte de um processo que se inicia com a extração de minérios e petróleo para a construção das máquinas e ferramentas que irão extrair o barro, para produção de blocos de argila; madeira extraída, em muitos casos de forma ilegal, de alguma floresta; extração de areia e matéria-prima para produção de cimento.

Poderíamos listar uma gama de materiais e uma cadeia de processos de transformação desses materiais tão grande quanto este livro, mas observe que para conseguir construir, desde o casebre mais simples aos suntuosos prédios de Dubai, como o Burj Khalifa, que ultrapassa os 800 metros de altura, muita energia foi utilizada. Visto que sua evolução carecia de fontes energéticas, o homem descobriu diversas formas de transformar fenômenos e elementos da natureza em energia elétrica, térmica e cinética. Ele descobriu que poderia utilizar determinadas substâncias para produzir calor, como o metano e propano, e futuramente descobriria a força das reações de fissão nuclear, nas usinas termonucleares; produzir energia elétrica a partir da correnteza de rios e o movimento do ar, com os moinhos e cata-ventos, estes hoje produzem energia elétrica a partir de usinas hidrelétricas e aero geradores.

As plantas são os seres vivos terrestres com o melhor sistema de produção de energia renovável que já existiu: a fotossíntese. O homem não possui a capacidade natural de gerar energia a partir da radiação solar, mas a capacidade intelectual que adquiriu com as centenas de milhares de anos de evolução, o permitiu construir uma ferramenta capaz de transformar a luz do Sol em energia elétrica: as placas fotovoltaicas. Por enquanto, não possui a mesma eficiência que as lindas folhas verdes das plantas, mas ainda assim é um avanço.

Enquanto isso, mesmo os nossos parentes evolutivos mais próximos, os primatas, residem em florestas e savanas, dependendo totalmente dos seus instintos, utilizando só o que está disponível no seu habitat e sem produzir grandes transformações, nocivas ou não, na paisagem. Sem produzir poluentes ou lixo radioativo, os animais seguem na luta pela sobrevivência.

Com isso, façamos uma reflexão acerca da evolução humana e sua luta contra a Seleção Natural: O *Homo sapiens* está se adaptando ao ambiente ou está, a todo instante, tentando adaptar o ambiente a ELE?

Se admitirmos que as ações do homem até agora são uma forma de se adaptar ao ambiente, utilizando e transformando os recursos que a natureza lhe proporciona, estaremos afirmando que a Seleção Natural ainda é uma regra sem exceção. Se afirmarmos a segunda opção, estaremos então, admitindo de pronto, que o homem está, pelo menos no que se refere ao habitat, contornando a Seleção Natural, a partir de meios próprios, artificiais.

Mas construir um abrigo não é uma tarefa exclusivamente humana. Diversas espécies animais, desde crustáceos a mamíferos, possuem habilidades para construir estruturas que lhes sirvam de abrigo às intempéries e um ambiente propício à reprodução. Comportamentos semelhantes aos humanos.

O João-de-barro, por exemplo, ave muito comum no Brasil, faz abrigo em árvores usando barro e lama como matéria-prima. Outras aves costumam utilizar gravetos e folhas. Abelhas constroem colmeias; suricatos fazem tocas no subsolo. Cada ser vivo, no decorrer de seu processo evolutivo, se adaptou ao seu ambiente.

Alguns animais fazem de morada noutro ser vivo, estabelecendo uma relação de inquilinismo. O Peixe-agulha ou Fieraster possui o corpo muito fino e alongado. Dessa forma, enquanto não está procurando alimento, se abriga dentro do corpo do Pepino-do-mar, quando este ejeta suas vísceras na tentativa de distrair seus predadores e escapar, o Peixe-agulha fica assim, protegido contra seus predadores[3]. Uma relação assaz estranha, mas que não traz prejuízo para nenhuma das espécies envolvidas.

Não tomemos, porém, qualquer conclusão precipitada acerca do combate entre Homem e Seleção Natural. Reflitamos acerca de outros pontos importantes sobre a evolução humana e suas adaptações. No mais, se existisse um placar de pontuação, como em um jogo e futebol: *H. sapiens* versus Seleção Natural, eu diria que o homem está ganhando de 3 x 0. O que pode não ser uma notícia muito boa, pois até o momento, apesar de o homem estar se sobressaindo das garras da Seleção Natural, tem deixado um rastro de danos ao meio ambiente. Dano este, que afetará negativamente o próprio homem.

Alguns animais podem apresentar comportamento e organização social bastante complexos. Um dos animais mais territorialistas é o leão - *Panthera Leo*. Eles vivem em grupos onde existe um macho dominante, as fêmeas e suas crias. As leoas são responsáveis por caçar e cuidar dos filhotes, enquanto o leão é encarregado de defender o bando[4] de outros leões, que por ventura tentam tomar seu lugar na hierarquia do bando, hienas e até do homem.

Nós, *Homo sapiens*, temos muitas características em comum com os leões. Podemos ser tão ferozes quanto eles na hora de defender nosso território, vivemos em grupos, que costuma ter um macho dominante. Em alguns grupos ou, como chamamos, famílias, a mulher, assim como as leoas, vão em busca do alimento e cuidam das crias, enquanto o homem fica em casa "defendendo o território".

Não é o mais comum na organização social e divisão de tarefas entre os humanos, mas são exceções muito possíveis e comuns.

Além de construir sua moradia com o grau de criatividade e tecnologia na construção civil, o homem teve que desenvolver meios de proteger sua casa e seu patrimônio. Para tanto, ele cercou sua moradia com muros; criou instrumentos que o auxiliasse em um possível confronto com um invasor, humano ou não. Atualmente, o homem dispõe de instrumentos e recursos tecnológicos que o permite manter o seu lar seguro, até certo ponto, e sob vigilância, mesmo à distancia. Cercas eletrificadas, câmeras de alta resolução, sensores de calor e movimento, internet e um aplicativo que pode ser instalado no seu smartphone ou computador, com o qual você pode manter seu patrimônio sob constante vigilância. Cães treinados também podem ser utilizados para auxiliar da segurança do lar.

Desde que os lobos começaram a ser domesticados, selecionados artificialmente, pelo homem, várias raças surgiram, com os mais diversos tamanhos e padrões de comportamento, servindo de companhia, guarda, pastoreio e/ou caça.

Podemos afirmar que o homem consegue manter seu território (casa) protegido de certos invasores. De animais silvestres ou de outros seres humanos, como diria um colega do trabalho, protege até da sogra. Mas alguns seres conseguem ultrapassar até o cofre mais seguro, o muro mais alto, os cães e seguranças mais bem treinados. Alguns seres conseguem chegar onde nenhum outro conseguiria: os micro-organismo, como vírus, fungos e bactérias.

O tamanho e a capacidade de habitar, se esconder e serem transportados nos e pelos mais diversos animais faz dos micro-organismos os invasores quase perfeitos. Podem viajar e chegar até seu hospedeiro pela água, pelo ar, pelo contato físico, pelo suor, enfim... Os micro-organismos evoluíram e se adaptaram a diversas formas de propagação; se adaptaram para explorar os territórios mais hostis e inimagináveis. Cada fungo, bactéria e vírus se adaptou a uma forma de propagação dos seus genes.

Adquirido com o tempo, o avanço de equipamentos e metodologias, o homem tem conhecimento de uma grande variedade de micro-organismos e suas formas de contágio. Desta forma, possibilitou-o desenvolver medicamentos, tratamentos e prevenção contra esses micro-organismos. Analogamente, poderíamos dizer que o homem vem descobrindo como impedir que esses invasores adentrem seu território, no corpo humano, ou quando conseguirem entrar, serem expulsos ou neutralizados, utilizando antibióticos, vacinas e medidas preventivas.

Vale ressaltar que algumas bactérias são benéficas para o ser humano. Nós somos o habitat de um grande número de bactérias. Cerca de 100 trilhões[5], número muito maior que o de células "humanas", que é de cerca de 10 trilhões. Talvez pudéssemos ser chamados de bactérias.

Locomoção

A capacidade de se locomover pelo ambiente é uma característica inerente a praticamente todos os seres pluricelulares, visto que algumas espécies são sésseis, como as cracas, que podem ficar incrustadas no substrato, em navios e até em baleias. No entanto, a locomoção precede o reino Metazoa.

Os primeiros organismos capazes de se locomover pelo ambiente foram os protozoários. Seres unicelulares, aquáticos (averiguar essa afirmação), de vida livre, parasitário ou mutualista. Eles podem utilizar como estruturas locomotoras: flagelos, cílios e os pseudópodos[1].

Os flagelos são estruturas semelhantes a uma calda alongada, como se pode observar em espécies como os parasitas *Trypanosoma cruzi*, causadores da doença de Chagas. Essa estrutura realiza movimentos ondulatórios que começa na base e segue até a extremidade, impulsionando a célula na direção oposta. Os protozoários podem também apresentar pequenos cílios que ajudam na locomoção da célula, porém, com um movimento semelhante ao de um remo. Com isso, os seres vivos têm sua primeira forma de movimentação.

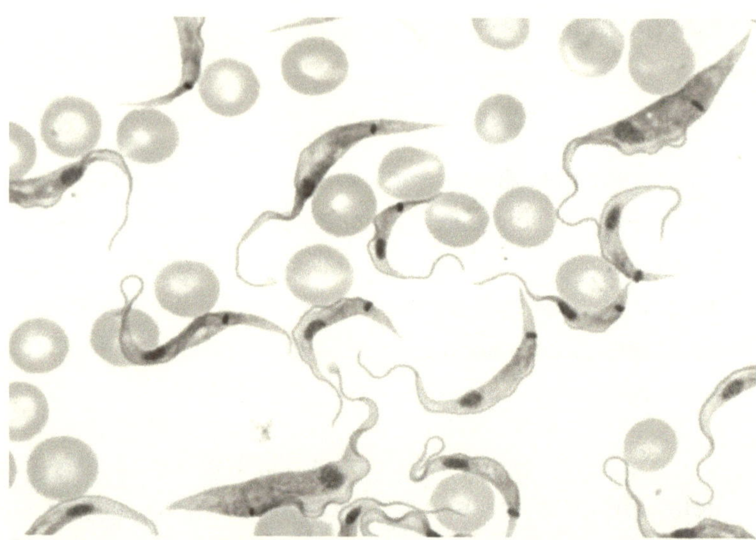

Trypanosoma cruzi (células alongadas e com flagelos) e células sanguíneas (arredondadas). Fonte: https://www.google.com/search?q=tripanossoma

Os celenterados, por sua vez, é o filo, apesar de pluricelulares, são os mais simples do reino Animalia, apresentando em alguns de seus representantes, formas de locomoção que possibilitam a exploração do ambiente na procura por alimento, como no caso das águas-vivas, que apesar de um sistema locomotor muito simples, consegue se locomover pelo ambiente aquático[2]. Na linha evolutiva, o passo seguinte é dos equinodermatas, como as estrelas-do-mar, que apresentam um sistema locomotor baseado em contrações musculares e extensão dos braços radiais, a partir do sistema hidrovascular. Ao se estender, ventosas localizadas em cada braço, aderem ao substrato, o braço realiza seu encurtamento e assim o indivíduo se movimenta[3].

Ao começar a dominação do meio terrestre, os animais tiveram que reinventar seus métodos e membros locomotores. Passaram a desenvolver pernas e patas, posteriormente, pernas e asas, nas aves, onde existiam nadadeiras.

Sendo os anfíbios os primeiros indivíduos a conseguir viver fora da água, foram eles os desbravadores desse ambiente. Na primeira fase de vida, girinos (os anfíbios possuem nadadeiras que encurtam, enquanto as patas traseiras e dianteiras se crescem). A respiração branquial dá lugar à respiração pulmonar e cutânea, o indivíduo, então, passa a conseguir viver fora do ambiente aquático, mas nunca em locais totalmente secos. Evolutivamente, os anfíbios dão origem aos répteis, mamíferos e aves. Estes últimos desenvolvem a capacidade de se locomover em um ambiente quase exclusivo dessa classe de seres vivos, o ar.

As aves possuem adaptações em sua estrutura física que permite que esses indivíduos consigam voar. Seus ossos ocos tornam seu corpo mais leve quando comparado aos ossos de um mamífero, por exemplo; os sacos aéreos, bolsas associadas aos pulmões, são infladas quando estão em pleno voo e sua musculatura peitoral inserida na quilha promove o bater das asas[4].

Um dos maiores morcegos, o *Acerodon jubatus* pode pesar 1,2 kg e ter cerca de 1,5 metros de envergadura. Proporcionalmente a este morcego, para conseguir voar, o homem de 70 kg deveria ter uma envergadura de 99 metros. Felizmente, esses mamíferos voadores gigantes, são frutívoros, então não corremos o risco de sermos atacados e termos nosso sangue drenado, como ocorre na ficção[5]. Nesta comparação não estamos considerando outros fatores como musculatura e fisiologia adaptada para o voo, diga-se de passagem.

A locomoção também é fundamental para os seres que possuem comportamento migratório. Muitas espécies de baleias realizam movimentos migratórios, podendo ser encontradas em todos os oceanos do planeta Terra. As baleias-jubarte (*Megaptera novaeangliae*), por exemplo, se reproduzem na costa do Nordeste brasileiro e se deslocam, de uma região entre Espírito Santo e Rio de Janeiro para se alimentar em águas ao sul da convergência Antártica[6].

Por um longo tempo, nós humanos utilizamos essencialmente nosso próprio corpo, com seus membros locomotores, para percorrer longas distancias em busca de alimento e abrigo. Considerando os 6 km/h que uma pessoa anda à pé, sem tanta pressa e de forma ininterrupta nas 12 horas de claridade das regiões intertropicais, percorreríamos cerca de 72 km. Isso demanda um grande gasto calórico e certo condicionamento físico. Com a aquisição de habilidades e domínio sobre outras espécies, o homem passou a criar outras formas de locomoção, mais rápidas e práticas.

A evolução dos meios de locomoção humana, mais eficiente, começa com a utilização de equinos, como forma de percorrer longas distâncias em um período de tempo menor. No Império Mongol, durante o reinado de Gengis Khan, o sistema postal era feito através de cavalos que percorriam aproximadamente 1000 quilômetros. Atualmente, uma corrida chamada Mongol Derby, com trajeto de 1000 quilômetros, percorrido em 10 dias[7], recria a cena de muitos cavaleiros mongóis de séculos passados.

Os cavalos foram, por um longo período da história humana, o principal meio de transporte terrestre, até darem lugar a máquinas mais velozes e capazes de transportar cargas maiores: trens, carros e caminhões. Mas com o avanço no desenvolvimento dos meios de transporte o homem pôde desbravar terras antes desconhecidas por alguns povos; estabelecer contato e relações comerciais com populações distantes; difundir conhecimento, cultura e variabilidade genética. Todos esses benefícios, no entanto, trouxeram alguns percalços e desafios para a humanidade.

Utilizando embarcações, o homem conseguiu atravessar enormes extensões de água, navegando por meses até chegar a outros continentes, até então não "descobertos" por outras civilizações. O Brasil é um grande exemplo de uma terra selvagem e indígena, encontrada por uma população civilizada dotada de tecnologias mais avançadas: os portugueses. Aqui estabeleceram uma colônia, usufruíram dos recursos naturais disponíveis, e mantiveram relações econômicas com outros povos e nações, como Espanha e Inglaterra.

Com a rapidez dos meios de transportes atuais, epidemias podem ser propagadas com igual rapidez. Algumas doenças, que séculos atrás ficariam confinadas a uma área geografia, sem os devidos cuidados pode se tornar uma pandemia. Uma pessoa contaminada com o vírus Ebola, em um país africano, por exemplo, pode atravessar o oceano Atlântico e chegar às Américas em menos de um dia, viajando de avião. Nesse trajeto, o indivíduo contaminado pode infectar os demais passageiros e estes, ao desembarcar e seguir para seus respectivos destinos, contaminar muitas outras pessoas, tornando o controle da contaminação muito difícil.

Os meios de transporte são uma importante ferramenta na evolução do homem. Nos primeiros 18 anos do século XXI, a frota de automóveis no mundo já chega a mais de 1,2 bilhão[8] – o que é ambientalmente preocupante. Se considerarmos a bicicleta, os preços dos meios de locomoção atuais podem variar de R\$ 400,00, por uma bicicleta, a pouco mais de 200 milhões de reais, por um avião particular que pode viajar cerca de 10.000 quilômetros[9], em menos de 12 horas[10].

A velocidade com que os meios de transporte atuais podem acelerar o tempo de migração do ser humano é incomensurável e incomparavelmente superior às formas de locomoção naturais, como o voo das aves, o nado das baleias ou a marcha dos caribus. Os caribus ou renas, por exemplo, podem viajar cerca de 3.000 quilômetros por ano. Para percorrer a mesma distância que esses animais, o homem não levaria mais que algumas horas, de avião, ou alguns dias de carro. Essa espantosa velocidade e capacidade de locomoção da nossa espécie pode ser encarada como uma forma ágil de espalhar genes – nem sempre vantajosos –, que garantam a sobrevivência e perpetuação da espécie, mas em contrapartida, aumenta o potencial de disseminação de patologias contagiosas.

Comunicação

Este tópico é deveras abrangente e, desta forma, faremos uma reflexão sobre aquilo que for pertinente ao que se refere à evolução, de maneira generalizada, apenas. Sendo assim, poderemos, contudo, compreender, de forma geral, em que ponto da evolução o *Homo sapiens* se encontra.

A comunicação é algo tão fundamental que foge à nossa percepção, o fazemos de forma tão inconsciente quanto respirar. Obviamente que se for perguntado a uma criança que nunca teve qualquer contato com informações relacionadas ao funcionamento do sistema respiratório humano, sobre o que é respiração ou como ocorre, a criança dará a resposta menos técnica possível. O mesmo ocorre se um questionamento for lançado à mesma criança, sobre comunicação. Dependendo do nível de conhecimento da criança, ela dirá: "se comunicar", e não terá errado a resposta.

Embora a comunicação seja, para a maioria das pessoas, uma atividade relativamente simples, para outras, como pessoas que possuem algum distúrbio da fala ou são surdas-mudas, é de uma complexidade incomensurável, e mesmo nestas, ocorre um tipo de comunicação da qual exige vários processos e elementos diferentes. A comunicação intercelular.

Do ponto de vista evolutivo, a comunicação intercelular é a pioneira, dentre as demais formas de comunicação. Não poderia ser diferente, visto que as primeiras formas de vida na Terra eram unicelulares[1]. Desta forma, podemos descrever os processos pelos quais as células se comunicam. Então, vamos começar pelas mais prováveis pioneiras, as bactérias.

A comunicação entre seres vivos é algo fundamental para a sobrevivência, sobretudo em grupos. Quando se trata de comunicação celular, no entanto, para os leigos, parece algo impensável. "Como assim? As células falam, ouvem ou podem enxergar?". Esse seria um modo demasiado simplista de pensar e questionar o tema. Alguém que já está superando a puberdade e concluindo o ensino médio sabe que células não têm boca (pelo menos não como a conhecemos), olhos ou ouvidos, mas ainda assim, de certa forma, em seres pluricelulares, as células conseguem identificar as vizinhas ou células intrusas; conseguem enviar mensagens para células próximas ou distantes.

Os seres unicelulares, entretanto, são um caso particular. Até meados de 1970, pensava-se que bactérias não tinham a capacidade de se comunicar entre si, mas pesquisas indicam que bactérias podem interagir em grandes grupos, um fenômeno chamado "quorum sensing". Pesquisas já conseguiram determinar genes que estão ligados ao sistema de comunicação das bactérias. Isso possui uma aplicação prática, para as bactérias, muito relevante, e até simples. Bactérias luminescentes, ao se comunicar entre si, decidiriam o momento em que todas iniciariam a produção de luz; bactérias patógenas poderiam esperar até que um número suficiente de indivíduos estivesse disponível para que então iniciassem, ao mesmo tempo, a produção e liberação de toxinas. A comunicação entre as bactérias não era feita através de sons, gestos ou mensagens telepáticas. Um carboidrato específico, com um boro em sua cadeia carbônica, seria o principal agente transmissor das mensagens, que os pesquisadores chamaram de AI 2 (ato-indutor dois)[2].

Nos organismos pluricelulares, a comunicação que ocorre entre as células é imprescindível para a homeostase e sobrevivência do indivíduo. Uma das formas mais comuns de comunicação intercelular, em seres pluri ou multicelulares é através do princípio molécula-sinal. Esse mecanismo pode ocorrer de formas variadas, seja no contato célula-célula, como na formação embrionária e resposta imunitária; na forma de secreção hormonal ou na comunicação sináptica, que é a transmissão de impulsos nervosos pelos neurônios, funciona, basicamente, com uma molécula produzida pela célula - podendo esta, manter a molécula em sua membrana plasmática ou secretá-la - que, ao entrar em contato com sua molécula receptora correspondente, identifica a célula com a qual está em contato[3].

Analogamente, é como se as células pudessem identificar umas às outras através do tato. Um tato bioquímico. Ou como se pudessem enviar uma carta, pelo correio, contendo suas informações, informações sobre o ambiente, ou até aviso de perigo e instruções de como e quando agir. A interação entre as células são altamente bem coordenadas. Respondem aos estímulos tão depressa que, para a mente humana é quase impossível mentalizar a cadeia de processos bioquímicos que são realizados em ações tão simples como dar um sorriso, mesmo que falso.

Imagine que uma pessoa está em sua cozinha preparando o jantar e precisa pegar uma panela com água quente que havia posto para esfriar; confiando que o tempo passado entre o desligamento do fogão até o momento em que iria buscar a panela tivesse sido o suficiente para que ela já estivesse fria, pega o utensílio sem luvas ou qualquer proteção em suas mãos. Ao tocar a panela, percebendo que ela ainda estava muito quente, em um reflexo, rapidamente a soltou de volta no fogão. Desta forma, o indivíduo evitou que seu corpo sofresse danos maiores através do trabalho incrivelmente rápido do sistema nervoso e locomotor.

Outra forma de comunicação intercelular é reconhecimento de células do mesmo tecido. Células de diferentes tecidos, sob determinadas condições, podem se reorganizar, formando agrupamentos de células semelhantes, ou seja, tecidos. Este reconhecimento celular ocorre graças a um grupo de moléculas glicoproteicas localizadas na membrana plasmática, também conhecidas como Complexo principal de histocompatibilidade ou MHC (major histocompatibility complex). Esse tipo de reconhecimento celular explicar a rejeição por alguns pacientes em transplantes[4].

Essas são formas de comunicação em nível celular, que em seres humanos varia de 10μm a 50μm. Mas devemos reduzir essa escala e falarmos sobre a comunicação ou transmissão de informações em nível molecular. Uma forma de transmitir informações cuja importância para teoria da origem das espécies através da Seleção Natural, proposta por Darwin, é fundamental.

Por mais que Charles Robert Darwin tenha conseguido, praticamente ao mesmo tempo em que Alfred Russel Wallace, diga-se de passagem, explicar, mesmo que parcialmente, como as espécies de seres vivos se originaram, faltava algo que pudesse corroborar sua teoria, publicada em 1859. Darwin sabia que os indivíduos de uma espécie, de alguma forma, podiam transmitir características para suas proles, mas não conseguia explicar como. No entanto, registros mostram que um monge austríaco, Johann Gregor Mendel, realizou experimentos com ervilhas e desenvolveu as bases para a genética, entre as décadas de 1850 e 1860[5]. As Leis de Mendel explicam, de forma geral, como ocorre a transmissão de características entre indivíduos de uma espécie, dando assim, mais sustentação à teoria evolutiva proposta por Darwin. Note-se que, mesmo Mendel possibilitando a compreensão de como ocorria o processo de transmissão das informações hereditárias, não se sabia qual o "veículo" dessas informações. Se vivêssemos em 1868 poderíamos nos perguntar: o que carrega essas informações? Essa pergunta começou a ser respondida em 1869, quando o Bioquímico Johann Friedrich Miescher descobriu a molécula de DNA, mas só em 1944 que Oswald Avery, Colin Munro MacLeod e Maclyn McCarty conseguiram associar a molécula de DNA à hereditariedade[6].

Como é de se esperar, as informações genéticas contidas nas moléculas de DNA de um indivíduo devem ser copiadas fielmente e transmitidas para o próximo indivíduo da árvore genealógica de uma espécie. O homem, contudo, desenvolveu formas não genéticas ou diretamente hereditárias de transmitir informações que auxiliassem os indivíduos da espécie, na árdua tarefa de sobreviver a cada dia, em ambientes muitas vezes hostis. Visto que o homem desenvolveu habilidades cognitivas "superiores" a outros animais na sua história evolucionária, tornou-se quase imperativo que as habilidades adquiridas por um indivíduo, fossem compartilhadas com os demais membros do grupo, para que assim pudessem permanecer na luta pela sobrevivência.

Imagine o que seria de nós se aquele hominídeo que aprendeu como manipular o fogo, não tivesse compartilhado esse conhecimento, se a descoberta dos fenômenos ligados à eletricidade não tivessem saído do laboratório de física, ou se as descobertas dos tratamentos de diversas doenças não tivessem sido disseminadas pelas mais diversas nações.

Deste modo, é atribuível à comunicação, um papel absolutamente imprescindível no desenvolvimento científico, tecnológico e evolução humana.

Não só para os seres humanos a comunicação é de extrema importância. Muitas espécies animais utilizam emissão de sons para atrair um parceiro no período de acasalamento, outras espécies emitem ruídos como forma de alerta para a aproximação de um predador para outros membros da espécie ou para demonstrar domínio territorial[7].

A complexidade dos mecanismos, estruturas e estratégias de comunicação, bem como sua função, varia de uma espécie para outra. Os macacos Guariba macho (*Alouatta sp*) podem produzir sons que alcançam cerca de 2 km de distância, graças a sacos em sua garganta. Aves, no entanto, diferentemente dos mamíferos, que utilizam a laringe para produzir a vibração do ar e consequentemente, sons, possuem dois órgãos responsáveis por realizar a vibração do ar, as siringes, localizadas nos brônquios. Alguns insetos como os gafanhotos, também produzem som. Estes, porém, por ter um aparelho respiratório diferente das aves e mamíferos, produzem sons atritando partes do corpo, como as pernas[7]. A variedade de mecanismos e estratégias envolvendo a produção de sons pelos animais é numerosa. A finalidade da produção desses sons também é bastante diversa.

Uma estratégia muito sagaz, envolvendo a produção de sons como forma de alerta contra inimigos é observada em micoleõezinhos. Na Floresta amazônica, um grupo desses animais descansa em silencio enquanto um membro permanece distante do grupo emitindo um som com intervalos de poucos segundos, como indicativo de que o perímetro permanece em segurança, mas quando essa sentinela para de emitir os sons, o grupo que descansava entra em estado de alerta[8]. Deste modo, a comunicação sonora é de fundamental importância para sobrevivência do grupo.

Assim como os estímulos sonoros, que para serem recebidos, faz-se necessário que o indivíduo receptor possua órgãos e estruturas auditivas funcionais, para que haja comunicação visual, é necessário que os indivíduos, sobretudo os receptores da mensagem visual, possuam órgãos e estruturas responsáveis por realizar tal função.

Tanto o Sol como outras fontes de luz, natural ou artificial, emitem ondas eletromagnéticas de diferentes comprimentos. Entre os comprimentos de onda que nossa estrela emite apenas uma pequena faixa pode ser percebida por nossos olhos, ou seja, de toda a luz que o Sol emite, só conseguimos enxergar uma parte, na forma de cores, que vai do vermelho ($4,3 \times 10^{14}$ Hz) ao violeta ($7,5 \times 10^{14}$ Hz).

Inúmeras espécies animais e vegetais necessitam do fator "visual" para, resumidamente, completar seu ciclo vital e transferir seus genes. As flores podem ter colorações e formatos diferentes para atrair seus polinizadores[9].

Tão importante quanto adquirir e acumular conhecimento, sobretudo, acerca de metodologias que nos garantam a sobrevivência, é partilhar esse conhecimento com gerações futuras, e a forma mais comum, até hoje, é

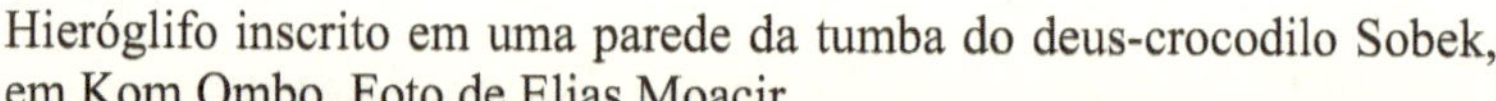

Hieróglifo inscrito em uma parede da tumba do deus-crocodilo Sobek, em Kom Ombo. Foto de Elias Moacir.

através da escrita.

Durante milhares de anos, o homem vem aperfeiçoando a escrita. Iniciando com as primeiras pinturas rupestres a formas de escrita mais complexas como os hieróglifos, no Egito[10]; a escrita Maia, na America Central; os ideogramas, dos países asiáticos; a escrita cuneiforme é, provavelmente, uma das primeiras formas de escrita, originada na mesopotâmia, pelos sumérios[11]; até chegarmos ao Alfabeto latino, utilizado para escrever a língua portuguesa, línguas americanas e também muitas línguas da Europa.

Ao ler um texto científico ou uma obra literária, podemos nos inspirar e levar o trabalho adiante, a partir do ponto de onde o autor parou. Podemos aperfeiçoar uma ideia, aprimorar uma técnica.

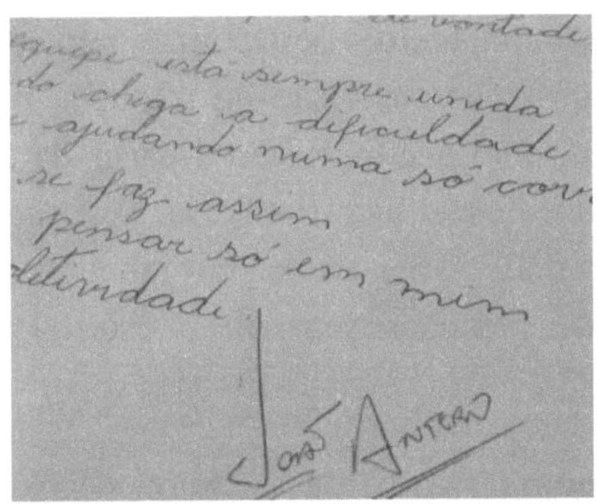

Escrita latina. Poema escrito na língua portuguesa. Fonte: Robson F. de Matos

Se não desenvolvêssemos a escrita, seria impossível chegar ao nível de conhecimento científico e tecnológico que a nossa espécie possui atualmente. Para compreendermos a importância da escrita para a evolução do homem devemos considerar algumas situações hipotéticas que julgo importante.

Ao transmitir o conhecimento adquirido de uma geração para a outra oralmente, há a probabilidade de algumas informações serem perdidas ou alteradas, seja pelas concepções religiosas, culturais, ideológicas e filosóficas do transmissor ou pelo fato de os seres humanos terem um limite de armazenamento de informações, de forma que o conceito geral fique comprometido, ou seja, omitido, como em uma brincadeira de telefone-sem-fio. Uma brincadeira simples, mas que pode elucidar este ponto. Ela consiste em formar uma fila com certo número de pessoas; dizer uma frase para a primeira pessoa da fila e pedir que ela repasse a frase entendida para os indivíduos seguintes, um a um, até o último indivíduo na fila e comparar as frases do primeiro indivíduo com o último. Geralmente se diferem muito.

A escrita é uma forma de transmissão direta do conhecimento. Ao ler um texto, desde que não seja modificado em uma possível transcrição ou tradução para outra língua, o indivíduo terá a informação a partir da sua forma original, seja um texto literário, uma descoberta científica, uma equação matemática ou mesmo uma notícia, mesmo que dezenas de gerações separem o escritor do leitor.

A escrita, enquanto meio de comunicação, é fundamental para a continuidade do desenvolvimento tecnológico. Se Isaac Newton não tivesse escrito sua descoberta sobre a gravidade, muito provavelmente levaríamos anos para que alguém com um intelecto tão surpreendente como o dele pudesse fazê-lo. Isso poderia fazer com que as viagens até a Lua demorassem mais algumas décadas para serem possíveis de se realizar.

No campo literário, descobrimos que as palavras, escritas da forma correta, podem nos fazer provar os mais diversos sentimentos. Pode nos fazer imergir em um mundo de ideias, fazer nossa mente criar as mais deslumbrantes imagens, cenas e situações; sentir o coração acelerar e os pelos se eriçarem ao ler uma história de terror. Podemos nos deliciar com os mais belos textos românticos produzidos há dezenas ou centenas de anos graças à escrita.

Atualmente, no entanto, a escrita parece ter perdido espaço para as telas de computadores e Smartphones, que em alguns cliques, ou mesmo por comando de voz, por ter praticamente qualquer conteúdo em vídeo. As notícias são veiculadas na velocidade da luz, pelas ondas de rádio. O mundo globalizado permite que uma pessoa no Japão seja vista e ouvida no Brasil, através das redes sociais ou através da televisão. Algo inimaginável há 150 anos.

Essas maravilhas tecnológicas da comunicação, que se fazem presentes na vida de grande parte da população humana, não são dotadas somente de benfeitorias para a nossa espécie. Assim como a utilização de uma dose errada de uma droga pode causar sérios danos à saúde humana, e até de outros seres vivos, a utilização descontrolada e exagerada de fontes de informação como a internet pode causar desde a "desinformação", proporcionada por informações imprecisas ou erradas, a sérios danos à saúde psicológica de uma pessoa.

Acerca da nocividade do acesso à informação à psique humana, Augusto Cury afirma que a torrente de informações disponíveis e acessada pelos jovens, de forma desenfreada, estímulos sociais e preocupações, podem causar um transtorno psicológico chamado SPA (Síndrome do Pensamento Acelerado), que tem como consequência, a redução da capacidade de reflexão, paciência, resiliência e criatividade, além de poder desenvolver quadros de ansiedade e inquietação[12].

Transtornos mentais não são, infelizmente, o pior que a tecnologia pode trazer. Como será exposto em breve, o próprio conceito tecnologia em si, pode ser uma ameaça para a evolução, inicialmente a nível individual, e posterior e possivelmente, para nossa espécie.

Medicina

Desde que o homem adquiriu conhecimento sobre si tenta melhorar sua qualidade de vida e bem-estar, buscando conhecer as causas de seus males físicos. Mas durante um longo período, acreditava-se que as doenças eram enviadas pelos deuses.

Desenvolver habilidades manuais como usar pedras lascadas como instrumento de corte, passando para a confecção de vestimentas rústicas feitas com a pele de animais abatidos; lanças produzidas com as lascas de pedras; a descoberta do fogo e a transmissão de informações através da linguagem verbal e de pinturas rupestres deixadas em cavernas e paredões rochosos, seu avanço na produção de materiais e técnicas que o ajudaram a sobreviver em diversos ambientes e conseguir vencer as intempéries, têm proporcionado uma vantagem imensa, quando comparado com os outros animais.

Os primeiros indícios de estudos do corpo humano e da prática do que hoje chamamos de medicina, teve início no antigo Egito, através do processo de mumificação dos faraós. Por volta de 400 a.C, o grego Hipócrates deu origem a uma nova forma de pensar, buscando explicações racionais sobre a natureza e sobre as doenças que acometiam o homem. Hipócrates hoje é considerado o "pai da medicina"[1].

Esse conhecimento adquirido e transmitido pelo homem se reflete muito claramente no nível de avanço da medicina observado atualmente. Transplante de órgãos e membros do corpo só existia nos romances; não existia cura para várias doenças ou sequer o conhecimento de como evitá-las; antibióticos poderosíssimos, como a Penicilina, que possibilitou evitar a morte de milhões de pessoas.

Os avanços na medicina atual têm um grande potencial de impulsionar a evolução biológica humana, que aos olhos de pessoas leigas sobre este assunto parece uma ficção; provocar mudanças fisiológicas que podem garantir saltos na melhoria da qualidade de vida; incitar discussões e debates sobre os limites éticos envolvendo os avanços no campo da medicina, sobretudo quanto se trata de modificar o homem, pois segundo as religiões cristãs, é uma ofensa a Deus, alterar sua obra. (buscar a opinião religiosa sobre a manipulação do homem)

Na aurora do século XXI, ano de 2018, o homem vive uma era de grandes avanços em diversas áreas, mas aquelas que podem provocar efeitos mais imediatos na evolução do gênero *Homo* são as que se encontram intrinsecamente ligadas à medicina.

Associada à robótica e à biotecnologia, a medicina tem causado assombro em pessoas de pensamento tradicionalmente religioso e nas pessoas céticas, quanto ao avanço tecnológico dessas áreas, frente às possibilidades que elas vêm tornando cada vez mais palpáveis e aplicáveis.

O desenvolvimento de técnicas e procedimentos como a fertilização *in vitro*, a clonagem e pesquisas envolvendo células-tronco embrionárias e células-tronco adultas, além de outras pesquisas no campo da genética, têm dividido opiniões. Para uns, um amplo horizonte de possibilidades de cura ou tratamento de doenças até então sem cura, como o câncer; regeneração parcial ou total de membros ou órgãos lesionados, como em casos de pessoas com lesões na medula espinhal. Para outros, os riscos e as possibilidades de se utilizar essas tecnologias para o mal já é argumento o suficiente para que esses procedimentos sejam fiscalizados com extrema cautela, seguindo, à risca, os conceitos éticos e religiosos atuais.

Os seres humanos coexistem com os demais seres vivos estabelecendo os mais diversos tipos de relações, como já foi exposto, desde predatismo até inquilinismo. Visto que na natureza nenhuma espécie vive isoladamente, incluindo os seres humanos, que abrigam bilhões de bactérias em seus intestinos, por exemplo, todo ser vivo terá algum tipo de relação com outro da mesma ou de outra espécie. Assim sendo, de forma direta ou indireta, as relações ecológicas estão ligadas e são fundamentais na Seleção Natural. Algumas relações funcionam como uma ferramenta obrigatória de sobrevivência, como é o caso do parasitismo, podendo ser a causa o fator que separa uma espécie da sua perpetuação ou sua extinção, como os vírus e bactérias que parasitam outros seres.

É evidente que não só o parasitismo tem o potencial de extinguir espécies, pois o predatismo, além da caça predatória, praticada pelos humanos, pode desequilibrar cadeias alimentares e, possivelmente, causar a extinção de espécies. Dessa forma, pode-se destacar na história do *Homo sapiens*, alguns períodos em que a relação homem-bactéria ou homem-vírus, tiveram um grande potencial extintivo. Tendo conhecimento acerca desses momentos, poderemos entender quais mecanismos, naturais ou não, possibilitaram ao homem não ser extinto.

Na Europa, no século XIV, uma praga se disseminou rapidamente, causando a morte de 1/3 da população europeia, o que, na época representava cerca 25 milhões de pessoas. A doença é causada por uma bactéria, *Yersinia pestis*, transmitida por pulgas de animais roedores. Essa infecção, peste bubônica, conhecida popularmente por peste negra, ganhou esse nome por causa das bolhas pretas que apareciam pelo corpo do infectado[2]. Essa pandemia foi muito acentuada porque, na época, não se tinha conhecimento das causas, tratamento e nem mesmo saneamento.

Atualmente, a maior parte dos casos de peste bubônica ocorre na África, mas na maior parte do mundo foram adotadas medidas de prevenção, sobretudo sobre o controle de roedores em portos e aeroportos internacionais, quando um caso suspeito é encontrado pela constante vigilância das autoridades competentes[3].

Com o avanço tecnológico, considerando o conceito de tecnologia como técnica ou ação humana[4], o homem conseguiu desenvolver métodos preventivos e criar medicamentos poderosos no combate à bactéria que causa a peste bubônica. O tratamento da doença é normalmente à base de antibióticos[5]. Portanto, devido a esses avanços, a taxa de mortalidade por esse tipo de infecção é baixa. Mas esse não é o único mecanismo pelo qual o homem, agora está mais preparado para sobreviver à contaminação por esse organismo.

Foi aprovada, em 2014, a publicação de um artigo sobre *Yersinis pestis*, que tratava de uma pesquisa realizada em duas populações diferentes, que foram afetadas pela infecção. Foram colhidas amostras de sangue de indivíduos das duas populações; as amostras foram expostas a citoquinas, substancias que, a grosso modo, identificam a praga, e os genes desses indivíduos demonstraram uma resposta para essa exposição[5].

"Genes no sistema imunológico foram altamente representados, sob uma forte pressão evolucionária em europeus, e infecções provavelmente tenham reproduzido um papel importante. Por exemplo, receptores Toll-like 1 (TRL1)/TRL6/TRL10 genes associados mostraram um forte sinal de seleção adaptativa. O produto desses genes são receptores funcionais para *Yersinia pestis*, o agente da praga, como mostrado sobre estudos de superexpressão mostram indução de citoquinas proinflamatória tal como TNF, IL-1β, e IL-6 como uma possível infecção que pode ter exercido pressão evolucionária. Análises imunogenéticas mostraram que TLR1, TLR6 e TRL10 SNP (single-nucleotide polimorfismo) modulou respostas a citoquinas induzidas de *Y. pestis*. Outras infecções podem também ter reproduzido um papel importante. Portanto, a reconstrução da história evolucionária dos europeus, vários caminhos imunes, entre eles TLR1/TLR6/TLR10, como sendo formado pela evolução convergente em duas populações humanas com origens diferentes sob o mesmo meio infeccioso"[6].

Assim, o ser humano não só conseguiu desenvolver medicamentos e métodos sanitários mais eficientes, como conseguiu, de certa forma, uma pequena vantagem evolutiva, imunizando, pelo menos minimamente, as populações descendentes, capazes de produzir defesas no próprio corpo para combater a peste, adquirindo assim, maior probabilidade de sobrevivência a uma possível nova infecção.

Muitas outras infecções fizeram parte da história humana. A varíola, que pode ter surgido há 10 mil anos, matou cerca de 400.000 pessoas por ano no século XVIII. Por volta de 1000 d.C, na Índia, era desenvolvido um processo em que era obtido um material extraído das cascas das pústulas dos enfermos, trituradas, moídas e aplicadas por esfregaço na pele ou por inoculação nas narinas.

Certamente que imaginar o material vindo da casca de uma ferida seja reintroduzido em seu organismo, traz certo ceticismo e até repulsa, porém, a infecção, com esse método conhecido como variolização, tinha 10 vezes menos casos de fatalidades do que pela infecção natural. Com o avanço em pesquisas médicas, na década de 1940, foi desenvolvida uma vacina segura, estável e produzida em larga escala. Hoje, a varíola está erradicada[7].

Graças ao desenvolvimento técnico e científico, o homem supera mais um obstáculo na luta pela sobrevivência, utilizando sua capacidade cognitiva como uma ferramenta de promoção de sua capacidade adaptativa.

Algumas doenças não possuem uma cura ou vacina conhecida, mas existem meios de impedir que micro-organismos parasitas invadam o corpo humano e danifiquem o organismo. As Doenças Sexualmente Transmissíveis podem, facilmente, ser evitadas utilizando preservativos no ato sexual, através da abstinência ou de relação monogâmica com indivíduos não contaminados, além de outros cuidados. Mas mesmo que um indivíduo seja contaminado, já existem medicamentos que curam – apenas algumas IST's - como a tricomoníase, mas outras "doenças", como a AIDS (Síndrome da Imuno Deficiência Adquirida), causada pelo vírus HIV (Vírus da Imunodeficiência Humana), não tem cura, mas o tratamento com remédios atuais pode prolongar e dar uma boa qualidade de vida para o portador da doença.

Sendo assim, considero esses exemplos como meios tecnológicos não-naturais que o homem desenvolveu, e vem melhorando, para escapar das garras da Seleção Natural – peste negra, varíola, AIDS. Inúmeros são os avanços do homem na área médica, pois é a espécie capaz de, por meio de sua capacidade intelectual, promover "melhorias" em seu benefício, enquanto as demais espécies, desprovidas dessa característica humana, estão à mercê da aleatoriedade das mutações e da rígida e contínua Seleção Natural.

Manipulação do ácido desoxirribonucleico

A partir daqui passaremos a ter uma boa ideia de como o homem poderá, efetivamente, "controlar" sua evolução. Tendo compreendido os conceitos básicos que envolvem a bioquímica celular, sobretudo o DNA.

A manipulação genética não é um assunto novo. Por volta da década de 1980, alguns cientistas já conseguiam modificar plantas geneticamente e até o final da década de 2010, várias plantas GM (geneticamente modificada) seriam liberadas para comercialização, inclusive no Brasil[1].

A partir daí, as técnicas se tornaram mais eficientes e mais acessíveis, apesar de toda a repercussão mundial sobre a segurança no consumo dos alimentos transgênicos e para a manutenção da biodiversidade. A discussão sobre os Alimentos Geneticamente Modificados perdura até os dias atuais. Mas desde milhares de anos atrás, o homem vem realizando a Seleção Artificial de suas sementes, para melhorar sua plantação. A diferença é que com a tecnologia para a criação de um alimento transgênico (mais rápida), pode-se manipular apenas a característica específica que o empresário ou agricultor necessita como resistência a determinada praga ou aumento na produção de certos nutrientes, por exemplo.

Discuti com Ivison Teixeira acerca de novas tecnologias na área da genética, sobretudo acerca da possibilidade de manipulação do genoma humano e de pronto ele me respondeu:

> "eu acredito, sim, na capacidade. Não tanto na possibilidade, pelo menos no momento. Por existir uma carga moral e religiosa muita intensa na sociedade, os obstáculos conservadores seriam muitos, principalmente no legislativo".

Uma técnica chamada de "agrupados de curtas repetições palindrômicas regularmente interespaçadas" ou sua sigla em inglês, CRISPR, permite modificações no genoma, ou seja, permite que se possa alterar genes específicos do DNA.

Esse mecanismo foi observado primeiramente em bactérias, em 1980. Ao ter contato com o material genético de Vírus invasor, ela produz RNA correspondente a trechos do material genético viral, o incorpora a seu DNA, em pequenas sequências interespaçadas, formando uma espécie de acervo bioquímico da "identidade" dos possíveis futuros invasores. Quando a bactéria é novamente infectada, por um vírus, produz RNA com CRISPR, o RNA guia. Ao emparelhar o RNA guia com o material genético homólogo do vírus, a Cas9 realiza a clivagem do DNA viral, impedindo que o mesmo seja replicado[2].

Isso, teoricamente seria um passo para possível manipulação do DNA humano em prol de sua adaptação ao meio ambiente. No entanto, apesar dos grandes avanços no uso dessa técnica como uma forma de alterar o DNA humano para que ele seja imune a certas patologias, ainda há muito que melhorar, pois a taxa de eficiência dessa técnica, em alguns casos, é menor que 50%.

Em 2015, foi publicado um artigo sobre um experimento utilizando a técnica CRISPR como ferramenta para modificar o gene HBB, que codifica uma proteína cujas mutações podem desencadear uma doença sanguínea com grande potencial de fatalidade. No entanto, ao fim do experimento foi observado que menos de 50% dos embriões utilizados tiveram seu genoma editado com sucesso; desses, apenas 7 tiveram o gene nocivo retirado; outros tiveram mutações em outros genes que não eram o alvo do experimento, fenômeno chamado de *off target*. Pode-se esperar que 50% de erro na edição do genoma, como nesse experimento, poderia acarretar, hipoteticamente, na causa de doença genética no indivíduo[3].

"Se você quiser fazer isso em embriões normais, você precisa estar perto de 100%. É por isso que paramos. Ainda achamos que é muito imaturo", disse Junjiu Huang, pesquisador do estudo mencionado acima[4].

Pode-se concluir que mesmo que a CRISPR seja uma tecnologia inovadora e que possa, futuramente, trazer várias mudanças benéficas a respeito das doenças que podem ser evitadas através da manipulação do DNA, ainda não é uma técnica com risco zero. Ainda.

Um artigo revisado em 2019, de uma revista eletrônica brasileira, afirma:

> "Essa tecnologia permitiu obter com 97% de eficácia drosófilas com pigmentações esquisitas, mosquitos resistentes ao parasita da malária e fêmeas estéreis para competir com as demais, porcos resistentes a viroses, trigo imune a fungos, tomates de vida longa e amendoins livres de alérgenos, entre outras modificações genéticas"[5].

A cura da AIDS tem sido uma das grandes missões de cientistas, nas ultimas décadas, mas com o auxílio da ferramenta de edição genômica CRISPR, pesquisadores estão aprimorando um tratamento que promete alto grau de eficiência na eliminação do vírus HIV, chegando a 30% a eficiência na eliminação do vírus, em ratos infectados[6].

Apesar dos problemas que essa nova tecnologia pode causar, se ocorrer algum dos erros de edição provocados pela CRISPR, como foi exposto, ela se mostra uma ferramenta poderosíssima na evolução da espécie humana, que pode nos conceder desde a escolha da coloração dos olhos ou cabelo; a cura do câncer até o aprimoramento genético de espécies ameaçadas por patógenos, que outrora poderiam exterminar nossa espécie. Permite que nossa espécie tenha um potencial evolutivo, a partir da edição do DNA e consequente melhoria em características específicas, cuja vastidão numérica de possibilidades é espantosa. Mas também deve ser tratada com sensatez e ética, caso contrário, populações inteiras poderiam ruir perante catástrofes biológicas intencionais, guiadas por valores e crenças nefastas.

Assim, usando uma abordagem mais fictícia, ou não, que será discutida em breve, as possibilidades do uso de tecnologias para alteração do genoma humano, e como cinéfilo, não posso deixar de citar algumas obras da sétima arte que abarcam o tema "Evolução".

Células-tronco: uma vitória científica

Alguns acidentes na natureza podem ser fatais, mesmo que o indivíduo que o sofreu não morra de imediato e seja o almoço de outro, pode ficar com sequelas que o impossibilite de lutar ou fugir de seus predadores, caçar suas presas ou até se reproduzir. Uma onça, por exemplo, que, numa investida a uma presa em potencial, leva um coice de um cavalo ou uma chifrada de um touro, e supostamente tem sua medula espinal atingida, e consequentemente perde sua mobilidade parcial ou total nas patas traseiras, será incapaz de caçar novamente, visto que este tipo de lesão, até para o homem, é quase impossível de ser curada.

Situações muito semelhantes ocorrem com o homem. Um motorista ou motoqueiro que sofre acidente automobilístico e fica paralítico, é uma notícia não muito incomum, sobretudo nas grandes metrópoles. No entanto, diferente dos outros animais em estado selvagem, o homem pode receber atendimento médico; fazer algumas cirurgias; se tiver sorte, conseguir recuperar parte dos movimentos, se não tiver, pode usar uma cadeira de rodas e ainda assim conseguir trabalhar, se alimentar e até se reproduzir.

Algumas patologias humanas, derivadas de defeitos genéticos ou de acidentes, podem afetar tecidos específicos como os músculos, caracterizando desde problemas na locomoção até graves problemas cardíacos, como a Distrofia Muscular de Duchene (DMD)[1] e Morte súbita[2], respectivamente; acidentes de trabalho, automobilísticos ou todas as outras possibilidades fisicamente danosas a que todos os animais estão expostos também fazem parte do rol de fatores comprometedores da sobrevivência. Cada um desses fatores tem uma possível solução, ou pelo menos, uma ferramenta de mitigação desses problemas: a terapia com células-tronco pode ser caracterizada como uma ferramenta muito poderosa para a sobrevivência e evolução da espécie humana, sobretudo quando se trata de regeneração ou recuperação de tecidos lesionados.

As células-tronco podem ser classificadas em: células-tronco embrionárias e células-tronco adultas. A diferença básica entre os dois tipos de células é a capacidade de diferenciarem-se nos vários tipos de células presentes no organismo humano. As células-tronco embrionárias são células originadas a partir da fusão entre espermatozoide e óvulo, que, entre 4 e 5 dias se sucessivas divisões mitóticas após a fecundação, forma o embrião. Nesse período, ele está no estágio de blastocisto e podem se diferenciar em qualquer um dos, aproximadamente, 215 tipos de células encontradas no organismo humano. Sendo, assim, classificadas como células pluripotentes. As células-tronco adultas, por outro lado, só conseguem se diferenciar em alguns poucos tipos de células do corpo humano, sendo classificadas como multipotentes. Estas podem ser encontradas em várias estruturas e órgãos do corpo: córnea, pâncreas, fígado, polpa dentária, músculo esquelético, medulas espinhal, etc.[3]

A utilização de células-tronco embrionárias, como esperado, é um assunto extremamente polêmico, pois está intimamente ligado ao conceito de "vida". Assim, diversas áreas do conhecimento e grupos sociais como, a filosofia, bioética, ciência e religião iniciam uma discussão sobre seus pontos de vista, muitas vezes divergentes, sobre o que é a vida ou partir de quando um ser pode ser considerado vivo.

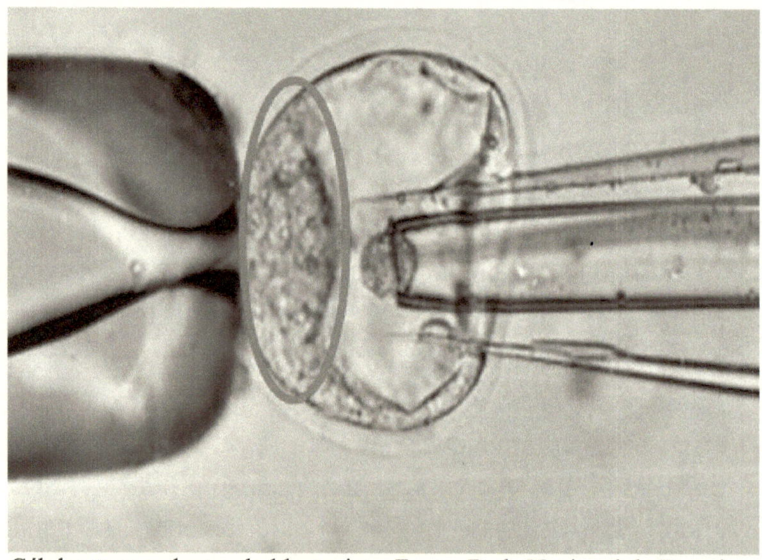

Células-tronco dentro do blastocisto. Fonte: Rede Nacional de Terapia Celular

Acerca da Bioética, vale destinar alguns parágrafos ao entendimento desse conceito, para que possamos compreender melhor sua importância no nosso futuro como espécie.

Primeiramente deveríamos compreender o mínimo sobre ética, mas como esse não é o nosso foco, tentarei ser o mais breve e claro possível, apesar da complexidade do conceito em questão.

É difícil, conceituar exatamente, em poucas linhas o que é ética, mas podemos ter uma ideia de sua forma e função, a partir de uma análise feita por José Roberto Goldin, de pensadores como Adolfo Sanches Vasques, que diz que a ética é busca por justificativas para verificar as ações humanos estariam ou não adequadas. Joaquim Clotet: "ética tem por objetivo facilitar a realização das pessoas. Que o ser humano chegue a realizar-se a si mesmo como tal, isto é, como pessoa". E Robert Veatch: ética é "a realização de uma reflexão disciplinada das intuições morais e das escolhas morais que as pessoas fazem". Bioética, por sua vez, é a integração do conceito de ética, abrangendo também, todos os demais seres vivos (Fritz Jahr); a medicina e saúde, contemplando de certa forma, também o ambiente (Van Rensselaer Potter). Visto que este último teria forte influência de Aldo Leopold, que criou a ética da terra, que incluía plantas, animais, solo e os tantos outros recursos naturais, nas reflexões éticas.[4]

Podemos então, asseverar, muito simplificadamente, que a bioética é um ramo do pensamento destinado a analisar e refletir acerca das ações humanas que interagem com os seres vivos e o que chamamos de fatores abióticos. Ou seja, sempre que algum grupo de cientista, ou mesmo individualmente, propor um projeto de pesquisa que envolva o ser humano, outras espécies e meio ambiente, deverá, juntamente com outros profissionais, formando um comitê, refletir bioeticamente sobre as possíveis consequências. Se elas serão adequadas ou não. Assim, os membros do comitê devem ser pessoas virtuosas. Possuir:

> "tolerância, paciência, compaixão, honestidade, coragem, prudência, humildade, integridade são importantes para ter as habilidades necessárias para uma comunicação adequada com interesse, respeito, suporte e empatia".[5]

Em uma conversa com Luiz Roberto Freitas, um homem de uma sabedoria invejável, funcionário de uma das maiores produtoras e exportadoras de manga do Brasil e estudioso da doutrina espírita, pude vislumbrar, em sua fala, uma corrente ideológica que, com ressalvas, concorda com o cenário da utilização das células-tronco embrionárias. Uma forma de pensar que torna os tratamentos com Células-tronco embrionárias metafisicamente aceitos.

Conhecendo o conceito, a origem e as possibilidades de uso medicinal das células-tronco embrionárias, Luiz Roberto concorda com a utilização desse tipo de célula.

Segundo seu entendimento da doutrina espírita, aqueles embriões utilizados nos tratamentos não possuiriam o espírito que daria inteligência ao indivíduo potencial. Esse tipo de tratamento poderia, inclusive, ser uma forma de aprimoramento da medicina praticada pelos humanos, planejada e coordenada por espíritos responsáveis por tal incumbência. Poderia salvar e melhorar a qualidade de vida de milhões de pessoas. Essas pessoas teriam mais tempo de vida, consequentemente, mais tempo para evoluir espiritualmente. Portanto, aceitável, pois o tratamento com células-tronco embrionárias seria uma prática humana visando o bem para os humanos e outras espécies, de forma ética.

Definir algo como sendo vivo ou não vivo, ainda é demasiado complexo. Ainda não existe um conceito exato sobre a vida que seja aceito universalmente. Muitas são as variáveis possíveis na classificação da vida, e cada área do conhecimento pode usar variáveis relativas à sua própria área de atuação.

Jeffrey Bada, que fora aluno de Stanley Miller, propõe a ideia de que a vida se baseia em polímeros à base de carbono, como as moléculas orgânicas das quais os seres vivos que conhecemos são feitos: carboidratos, lipídeos e proteínas, por exemplo. Para que essas moléculas sejam consideradas vivas é necessário "replicação imperfeita de moléculas informacionais que teria marcado a origem da vida e da evolução, e assim, a transição da química não viva para a bioquímica".[6]

Como se observa, seguindo essa teoria, para ser considerado vivo, um ser precisa, portanto, de uma molécula responsável por carregar as informações do indivíduo, e de mutações que possibilitarão a variabilidade genética, consequentemente, expostos à Seleção natural e assim evoluiriam. Darwinismo.

Os vírus são, sob minha perspectiva, os organismos mais controversos, quando o assunto é a classificação da vida. Se aceitarmos a teoria de Bada, os vírus seriam classificados como seres vivos, pois possuem material genético, DNA ou RNA e são dotados de moléculas baseadas em carbono. No entanto, se considerarmos a "Teoria celular" descrita por Theodor Shwann e Matthias Jakob Schleiden, há quase 200 anos, que determina que para ser considerado um ser vivo, o organismo precisa, principalmente, ser formado por células e possuir metabolismo próprio, os vírus não seriam considerados vivos.[7] Um grande número de livros didáticos utiliza essa visão para classificar a vida.

Aceitando como verdadeira a Teoria celular, poderíamos então afirmar que cada célula do nosso corpo é uma vida? Independentemente de a resposta ser positiva ou negativa, quando a vida humana se inicia?

O ser humano, assim como todos os outros seres do Reino Animalia, é pluricelular, um organismo formado por várias células. Dessa forma, resumidamente, as células do corpo humano são unidades básicas. Se cada célula do nosso corpo fosse considerada um ser vivo, estaríamos matando milhões de vidas diariamente, e a utilização de células-tronco adultas estariam na pauta das discussões bioéticas. A questão que realmente provoca grande debate e controvérsia é o momento em que esse organismo deve ser considerado uma vida humana. Algumas correntes ideológicas sobre o inicio da vida têm tentado trazer uma resolução para essa questão. Podemos citar: a visão concepcional, a visão evolutiva, a visão social.

A visão concepcional considera a vida humana iniciada no momento em que ocorre a fusão entre os gametas, no entanto, considerando assim, o zigoto o início da vida humana. Segundo Miguel Kottow, essa visão do inicio da vida humana perde consistência com o argumento de que existem formações zigóticas sem que haja singamia[8], fusão de membranas da fecundação ou esse processo pode ser evitado artificialmente, no caso de injeção intracitoplasmática de espermatozóide (ICSI), técnica utilizada em processo de fertilização in vitro, onde um espermatozóide é injetado dentro do óvulo.

Uma forma alternativa, viável e que pode representar o fim ou pelo menos uma trégua nas discussões sobre as questões bioéticas na utilização de células-tronco embrionárias é induzindo uma célula-tronco adulta a se "reprogramar", originando uma célula-tronco embrionária, pluripotente.[9] Um dos primeiros grupos de cientistas a realizar esse processo foi chefiado por Shinya, que utilizou células da pele de um camundongo. Mesmo conseguindo transformar células-tronco adultas em tecido muscular cardíaco, muitos estudos devem ser realizados, bem como o aprimoramento do protocolo utilizado para induzir as células a se transformarem nos tecidos desejados, visto que, as células-tronco embrionárias possuem um grande potencial de se transformar em câncer.[10]

Em um estudo feito por pesquisadores da Universidade de Havard e da Universidade de Louisville, nos Estados Unidos, pessoas que sofreram infarto do miocárdio e, por conseguinte, apresentavam insuficiência cardíaca, tiveram suas próprias células-tronco cardíacas coletadas, cultivadas em laboratório e reimplantadas na região do coração afetada pelo infarto. Entre aqueles que receberam o tratamento com células-tronco, houve um aumento do volume de sangue bombeado pelo ventrículo esquerdo, de 29% para 36%, em que o patamar de normalidade fica a partir dos 50%, enquanto as pessoas que não receberam esse tratamento não apresentaram melhoras.[11]

Uma brasileira, Mayana Zatz, diretora do Centro de Estudos do Genoma Humano e do Instituto Nacional de Células-Tronco, tem realizado pesquisas envolvendo o tratamento, com células-tronco, para a Distrofia Muscular de Duchenne, uma patologia causada por um gene defeituoso, ligado ao cromossomo X, ou mutado, que causa a não produção de uma importante proteína muscular, a distrofina. Ligada a outras proteínas, a distrofina mantém a integridade da membrana celular.[12]

De forma bastante resumida: células-tronco foram retiradas do tecido adiposo de pacientes saudáveis, tratadas e implantadas nos músculos de pacientes com a doença. Ela já realizou o tratamento com cães e ratos, obtendo resultados promissores e, segundo a pesquisadora, durante a observação desses indivíduos por um período de até três anos, nenhum tumor foi identificado[13]. O que explicita o grau de segurança que o método tem mostrado.

Conversando com Sérgio Fernandes, Professor de Língua Portuguesa, ótimo amigo e conselheiro, acerca das descobertas, aprimoramentos tecnológicos e todo o conhecimento adquirido sobre o Universo, em sua vastidão inexplorada, indagou-me se homem terá muito a descobrir. Dei uma resposta pessoalmente simples: "sim".

Embora grande parte da população humana não tenha notícia sobre novas "descobertas", seja nas ciências, na história ou na arte, dia após dia homens e mulheres trabalham em busca do conhecimento. O homem não permaneceu estagnado na caminhada pelo saber, nós apenas não somos informados. Assim, podemos esperar que as técnicas médicas imperfeitas neste momento, em que escrevo estas palavras – agosto de 2019 – em breve poderão alcançar um nível de perfeição seguro para serem utilizadas em seres humanos, garantindo sua sobrevivência. Não creio redundante dizer que, para tanto, faz-se necessário investimento em pesquisas e educação, desde os primeiros anos escolares.

Cabe, desta forma, caro leitor, aos nossos jovens estudantes, a responsabilidade de guiar o gênero humano rumo ao galho mais alto da nossa árvore genealógica através do conhecimento, com o mínimo de dano às populações humanas, bem como aos outros seres vivos e o planeta como um todo.

Há não muito tempo, foram desenvolvidas as impressoras 3D, que diferentemente das impressoras comuns, que imprimem desenhos, imagens e textos em uma superfície plana, produzem impressões com comprimento, largura e altura, utilizando como matéria-prima filamentos plásticos ou outro tipo de material moldável, dependendo do tipo de impressora. Para muitos, essa é uma tecnologia assaz inovadora. Imagine então, unir a tecnologia da impressora 3D utilizando como matéria-prima, também, células-tronco. Essa tecnologia já está sendo desenvolvida e se chama Bioimpressão.

Atualmente, podem-se fabricar modelos biológicos para planejamento pré-cirúrgico, por exemplo.

"O processo de fabricação destes modelos se inicia com a coleta de imagens bidimensionais por ultrassonografia, tomografia computadorizada ou ressonância magnética, que são então agrupadas e convertidas para uma configuração tridimensional. A modelagem virtual da estrutura é realizada e, em seguida, os arquivos são enviados para impressoras 3D de alta definição".[14]

Mas com o avanço da tecnologia de impressão 3D e do aprimoramento e domínio sobre processos que envolvem as células-tronco, é possível que no futuro, o homem consiga produzir órgãos funcionais, como coração, rins e estômago, por exemplo. E não será um futuro tão distante.

Em 2019, uma equipe de bioengenheiros dos Estados Unidos conseguiu criar uma estrutura que se assemelha, em função e anatomia, a um pulmão humano, a partir da tecnologia de bioimpressão. A estrutura é feita uma camada de cada vez, de uma solução líquida de pré-hidrogel que ao entrar em contato com a luz azul se solidifica.

O desenvolvimento das técnicas de bioimpressão, assim como todas as outras inúmeras inovações científicas das quais o homem pôde dar sua parcela de contribuição, não teria tanto sucesso se o conhecimento adquirido por um não fosse repassado para outros, como refletimos no capítulo sobre o papel da comunicação na evolução humana. Jordan Miller, um dos pesquisadores responsáveis pela bioimpressão em hidrogel citada acima parece ter pensamento semelhante. "Disponibilizar os arquivos de projeto de hidrogel permitirá que outros explorem nossos esforços aqui, mesmo que utilizem alguma tecnologia de impressão 3D futura que não existe hoje".[15]

Em Israel, a equipe de pesquisadores liderada por Tal Dvir, conseguiram criar um coração inteiro, usando células-tronco pluripotentes induzidas. Tal Dvir e sua equipe criaram um coração com a anatomia do coração humano, porém de tamanho reduzido – altura: 20mm x diâmetro: 14mm. Os "minicorações" produzidos possuíam vasos, átrios e ventrículos. O próximo passo dessa pesquisa é fazer um coração funcional.[16]

Em resumo, a metodologia usada pelos pesquisadores israelitas possuem um enorme potencial tecnológico e mostra o quão perto estamos de conseguirmos produzir órgãos inteiros, em laboratório, para transplante. Considerando a enorme quantidade de pessoas que estão à espera de um doador, a concretização dessa façanha é de grande valor. Um dos pontos importantes desse tipo de tecnologia médica é a compatibilidade dos órgãos produzidos com os receptores. Pois como os órgãos bioimpressos são produzidos a partir de células do próprio paciente, ele não necessitaria utilizar imunossupressores, para evitar a rejeição do órgão.

Desta forma, nossa espécie consegue permanecer, mais uma vez, à frente da Seleção Natural, desenvolvendo tecnologias capazes de prolongar seu tempo de vida e, consequentemente, a possibilidade de transmitir seus genes, mesmo que as características transmitidas não sejam as mais vantajosas para as próximas gerações. A transmissão de genes que não garantem vantagem para os indivíduos, no entanto, será um tema sobre o qual deveremos refletir em breve.

Podemos perceber, pois, que o *Homo Sapiens* possui a habilidade de tratar seus feridos a partir do conhecimento adquirido e transmitido entre os milênios que se passaram desde sua aparição, como gênero e espécie, na face deste planeta, para nós, maravilhoso, que em comunhão com nossa estrela, o Sol, nos fornece tudo que precisamos biologicamente para sobreviver e evoluir. Utilizando processos, técnicas e materiais que para muitos ainda parece uma fábula. Uma ficção. Mas o ser humano está, sob a minha óptica, apenas na infância do saber. O homem ainda tem muito o que descobrir, neste planeta e fora dele.

Um empurrão na corrida da vida

Alguns casais com problemas para ter filhos procuram clínicas de fertilização e, depois de uma bateria de exames e o processo de fertilização propriamente dito, o sonho de ter uma criança pode ser realizado. Dois são os procedimentos: inseminação artificial e fertilização in vitro. A inseminação artificial é realizada, normalmente quando os espermatozoides apresentam problema com a mobilidade, o que o impossibilitaria de chegar até o óvulo, podendo, também, ser um problema de origem genética; quando a mulher possui algum distúrbio de ovulação ou até mesmo se ela possui alguma doença nos órgãos reprodutores.

Antes de realizar a inseminação artificial, o casal faz uma série de exames para avaliar se aquele método é o mais adequado. Exames, desde espermograma, para avaliar a qualidade e quantidade de espermatozoides, até o histórico médico. A mulher deve ter pelo menos uma tuba uterina, para a passagem do óvulo, e, obviamente, precisa liberá-lo, caso não o consiga, um tratamento hormonal pode ser realizado para que a ovulação seja induzida.

Todo o processo de ovulação é acompanhado e controlado pelo especialista. Constatado o momento da ovulação, será recolhido o sêmen do homem, normalmente por masturbação, mas há casos em que se pode retirar os espermatozoides diretamente dos testículos. Os espermatozoides são avaliados e selecionados – só aqueles com mobilidade suficiente para chegar até o óvulo serão "selecionados". Por último, os espermatozoides são inseridos diretamente na parte interna do colo do útero, por uma seringa ligada a um cateter[1].

Após alguns dias de espera o casal pode fazer um exame para verificar a eficácia do procedimento.

Assim como muitas outras, a inseminação artificial não é uma técnica tão nova. Pelo menos não em humanos. No século XVIII, Lazzaro Spallanzani, o mesmo que colaborou para a confirmação da biogênese[2], realizou a inseminação artificial de uma cadela – apenas recolheu o sêmen de um cão e o inseriu em uma cadela no período do cio[3]. Um método bastante rudimentar, mas que corrobora a evolução tecnológica e consequentemente, maior possibilidade para evolução humana.

Na fecundação In vitro, após passar por um tratamento de indução da liberação de gametas femininos – ovulação – os espermatozoides são colhidos e selecionados. Ambos os gametas são colocados em cultura, numa incubadora que simula as condições das tubas, para que ocorra a fecundação. Ocorrida fecundação, os embriões são implantados no útero através um fino cateter[4].

142

Outra variação da fertilização In Vitro é através da ICSI (sigla em inglês para Injeção Intracitoplasmática de Espermatozoides), em que é inserido diretamente no óvulo, apenas um espermatozoide coletado anteriormente[5].

Independente do tipo de inseminação de gametas utilizado, as técnicas de fertilização demonstram o abismo de potencial evolutivo presente entre os humanos e as demais espécies. Enquanto na natureza os indivíduos dependem inteiramente de sua capacidade de sobrevivência e reprodução inatas, o homem possui diversos mecanismos que aumentam suas chances de reprodução.

O *H. sapiens* ostenta uma enorme vantagem reprodutiva, em meio aos seus próprios possíveis fatores limitantes em relação às outras espécies. Esta é mais uma ferramenta artificial de adaptação do homem, que o permite continuar a transmitir seus genes e, sobretudo, a variabilidade genética.

É importante, no entanto, considerar que em casos de problemas de reprodução relacionados a anomalias genéticas como a azoospermia – ausência de espermatozoides no sêmen –, as técnicas de reprodução assistida serão ineficazes em resolver o problema da herança dessas anormalidades no aspecto reprodutivo do indivíduo. Apenas serão transferidos para gerações futuras.

Para sanar, tanto as doenças genéticas relacionadas à reprodução, como a transmissão dessas doenças às proles, seria mais viável realizar um tratamento conjunto entre técnicas de edição do DNA e Fertilização In Vitro.

Utilizemos uma situação hipotética para melhor compreendermos esta questão. Imagine, por exemplo, que João possui uma alteração em um cromossomo que o torna infértil, torna seus gametas preguiçosos e, por conseguinte, não conseguem chegar até o óvulo. João e sua esposa decidem, então, buscar ajuda em uma clínica de fertilização e após todos os exames, percebem que a única forma de terem um filho será usando a ICSI e assim o fazem. Décadas depois, um neto de João descobre que possui o mesmo problema que seu avô.

João conseguiu burlar as leis naturais da Seleção natural, realizando o processo de fertilização artificial, mas não o problema com a herança genética. Ela apenas retardou o inevitável. Se João tivesse, na época, a possibilidade de alterar os genes que o tornava infértil, poderia ter transmitido seus genes, porém "saudáveis". Desta forma, seus filhos e netos teriam muito menos chances, de ter o mesmo problema de infertilidade, perpetuando de forma, agora natural, seus genes para as próximas gerações.

Atualmente, contudo, ainda não possuímos uma técnica de edição com alto grau de perfeição. Ainda. Visto que a sede de conhecimento do homem, raramente é saciada, quiçá, nunca será, vislumbro a possível utilização dessas tecnologias num futuro não muito distante.

Chave do sucesso evolutivo

Como vimos, ao longo de sua história evolutiva, a nossa espécie tem conseguido triunfo perante os desafios impostos pelo ambiente natural, utilizando as mais variadas ferramentas, técnicas, comportamentos e tecnologias a seu favor. Muitos dos meios utilizados para se adaptar ao ambiente em que se encontra, são imitações artificiais do que a natureza pode fazer em milhões de anos, como a camuflagem de certos animais, a mimetização, a fisiologia dos organismos, a resistência às pragas, entre tantas outras mudanças que o ambiente impõe aos seres vivos, em que estes põem à prova sua capacidade de sobreviver àquele ambiente e transmitir seus genes, para que as próximas gerações também o possam fazer.

No estado selvagem, como diria Charles Darwin, o homem, assim como outros animais, se não tivesse desenvolvido tamanha capacidade de armazenar e processar informações, na assombrosa velocidade com que conseguiu, sobre o meio para conseguir sobreviver às provações que a natureza impõe a todos os seres vivos, talvez nossa espécie estivesse muito próximo da extinção ou não tivesse tanto sucesso aumentar sua população se espalhar por praticamente todo o globo.

Assim como Richard Dawkins expõe, em seu livro "O Gene egoísta", a capacidade de nossa espécie viver até uma idade além daquela em que boa parte das doenças derivadas de defeitos genéticos ou mutações letais nos ceifaria a vida, nos impossibilitando de reproduzir e transmitir esses mesmos genes, desvantajosos evolutivamente, para os descendentes[1].

Mesmo características não-letais, mas que para outros animais, poderia significar, na natureza, uma sentença de morte, como o albinismo, para os humanos, não se trata de uma característica que venha a determinar sua sobrevivência. Essa anomalia genética pode apenas dificulta sua vida, visto que alguns problemas de saúde podem decorrer dessa condição, como câncer de pele.

As cardiomiopatias hereditárias que causam morte súbita são ótimos exemplos de como os seres humanos têm sorte de ter um cérebro tão desenvolvido. Animais que possuem esse tipo de patologia não podem fazer exames preventivos, mudar seus hábitos alimentares, tomar medicamentos ou fazer exercícios regularmente. Eles apenas contam com a sorte de não serem portadores dos genes que codificam essas patologias. Para o *Homo sapiens* a história é bem diferente.

Realizando testes genéticos, pode-se descobrir precocemente se um indivíduo possui alterações em genes como o BRCA1/2, capaz de originar algum tipo de câncer hereditário. Dessa forma, antes mesmo de um embrião ser introduzido no útero, pode-se determinar se poderá ter, futuramente, alguma patologia herdada por um de seus "doadores" de genes[2]. Mas não só cânceres podem ser detectados. Diversas doenças de caráter hereditário podem ser previamente descobertas, impedido que o indivíduo tenha a possibilidade de ser portador de genes nocivos.

Algumas cardiomiopatias podem ser identificadas, e em caso afirmativo, tomar as devidas precauções. Poderá ter uma vida praticamente normal, mas para a infelicidade de seus descendentes, eles receberão genes que determinam a patologia de um dos pais e, conseguintemente, poderá vir a ter, também, uma doença relacionada ao sistema cardiovascular.

Há uma lista enorme de doenças e condições que limitam ou dificultam a vida do portador, mas com o avanço das técnicas de diagnóstico e os tratamentos, a possibilidade de morrer é pequena, dependendo, logicamente, da gravidade da patologia e quando foi diagnosticada.

Também nesse caso, uma ferramenta de edição de genes eficiente é uma solução altamente viável para uma boa qualidade de vida para o portador da mutação, pois ao invés de tratar os sintomas, a patologia poderia ser curada geneticamente, isentando as gerações futuras de portar a mesma doença genética que seus antepassados.

Essa não seria somente uma forma de propagar apenas genes vantajosos pela nossa espécie, transformando-a em uma espécie cuja capacidade de exorcizar seus piores demônios biológicos é superior a todos os outros animais do planeta Terra, mas também seria uma forma de fazer da evolução um processo controlado.

Em todo caso, o homem já possui bastante conhecimento acerca de uma gama de doenças fatais e apesar disso, a cada ano a expectativa de vida do homem aumenta. Segundo um artigo da BBC, que elegeu os cinco países com as maiores expectativas de vida em 2017, entre eles estavam: Japão – 83 anos; Espanha – 82,8; Cingapura – 83,1; Suíça – 81; e Coreia do Sul – não teve o valor estimado, mas segundo o artigo, será, possivelmente, o primeiro país ao ter uma expectativa de vida de 90 anos[3].

Isso indica o quanto nossa espécie está progredindo, no que se refere ao conjunto: hábitos alimentares, prática de atividades que visem à manutenção de um corpo saudável, bem como aos aspectos psicológicos, pois não se pode esquecer que a psique humana pode afetar o organismo fisiologicamente. Essa melhora nos hábitos alimentares pode, no entanto, ser uma retomada dos hábitos alimentares dos nossos ancestrais nômades. Pois os caçadores-coletores tinham uma alimentação com variadas fontes de nutrientes, entre raízes, frutas, folhas, sementes e os animais que eram caçados. Dessa forma, muito provavelmente não lhes faltavam fontes alternativas de vitaminas, carboidratos, proteínas, gorduras e minerais, tão necessários ao bom funcionamento do organismo.[4]

A vida agitada e estressante das grandes cidades pode desenvolver sintomas de doenças físicas, desencadear crises de ansiedade, depressão e outros distúrbios, inclusive chegando ao suicídio. Psicólogos, psiquiatras e terapeutas são os profissionais responsáveis pelo diagnóstico e tratamento dos males psicológicos do homem. Em outras palavras: quando se trata de problemas psicológicos, nós somos uma dualidade ambulante. Temos a doença e o remédio no mesmo lugar.

O que podemos fazer, então, para que as doenças hereditárias potencialmente letais não sejam transmitidas para a geração seguinte? A resposta pode seguir vias diferentes:

1 – O indivíduo portador de um gene letal, poderá, dependendo da patologia, perecer antes de chegar à idade reprodutiva e assim não transmitirá seus genes do "mal";

2 – O indivíduo portador pode chegar à idade reprodutiva, mas devido ao seu estilo de vida, tendo conhecimento ou não da doença a qual seu genes carregam, não gerou descendentes e veio a falecer antes de tê-los;

3 – O indivíduo, tendo conhecimento de que carrega em seu DNA um gene letal, sempre utiliza métodos anticonceptivos, para que, com uma atitude altruísta, não transmita os genes para gerações futuras;

4 – O indivíduo, ciente de possuir um gene que pode, em algum momento de sua vida, levá-lo a óbito, busca tratamento através das técnicas de edição do material genético, e assim consegue se livrar dos genes nocivos.

Lembremos que essas são situações hipotéticas, mas que estão no rol das futuras possibilidades humanas. Caracterizam, pois, uma das grandes vantagens do ser humano sobre outras espécies, em escapar das garras da seleção natural. Até o momento, o homem parece estar mantendo essa batalha empatada, mas até quando? Haverá um dia em que o homem não conseguirá mais se adaptar a seu ambiente e será extinto? Se nosso lar, a Terra, se tornar inabitável nesse século, por qualquer motivo que seja, estará o homem preparado para fazer uma imigração interplanetária? Estará algum dia?

Muitas dessas perguntas podem aguçar nossa imaginação e permitir que, pelo menos em pensamentos, viajemos para outros planetas ou satélites. Nenhum animal de que se tem conhecimento consegue, utilizando os próprios meios, sair no planeta Terra, mas a chave que abrirá portas e janelas para uma infinidade de possibilidades e para a evolução humana está em um órgão relativamente pequeno, extremamente sensível, altamente complexo e poderoso, o cérebro.

Compreender plenamente o funcionamento do cérebro dará ao *Homo sapiens* uma gama de possibilidades para sua adaptação aos estímulos ambientais, e quiçá sociais. Dessa forma, tendo compreendido os processos bioquímicos, órgãos e estruturas que moldam o organismo humano em sua plenitude existencial, o controle da própria evolução terá, enfim, deixado de ser apenas especulação e entrado no campo da prática. Obviamente que a manipulação do organismo humano não será aleatória e indiscriminada, pois isso poderia gerar uma generalizada desordem social e ecológica, visto que um seleto grupo ou nação poderia, de alguma forma, tentar manter o monopólio dos processos, elevando demasiadamente os preços. Isso restringiria a aquisição de "edições" do DNA a multimilionários.

Isso seria o início da formação de classes ou castas entre humanos, como ocorre com a desigualdade econômica atual. Dando início, quem sabe, ao processo de especiação do gênero humano. E que fim teria a espécie menos adaptada, considerando que geralmente, a espécie menos adaptada não sobrevive? Podemos esperar que se isso ocorrer, a espécie mais adaptada teria compaixão do seu parente evolutivo mais próximo e possibilitaria sua coexistência? Simplesmente deixariam que a Seleção natural fizesse seu trabalho? Ou modelos políticos e socioeconômicos seriam desenvolvidos para contemplar as várias espécies, de forma harmônica?

A evolução humana não está livre de questionamentos filosóficos e sociológicos, e para que o homem consiga, minimamente, controlar sua evolução, sem danos colaterais nas estruturas sociais e econômicas esses questionamentos são absolutamente necessários, assim como debates, para que se compreenda a dinâmica social e se estabeleça parâmetros de segurança nos âmbitos social, econômico, biológico e até militar.

Tecnologia e Evolução

Em se tratando de tecnologia, o próprio conceito não está isento de reflexões filosóficas. Para Vieira Pinto, em uma análise realisada por Gildemarks Costa e Silva, pode-se obter o vislumbre do conceito de tecnologia através de quatro vertentes:

> a) tecnologia como logos da técnica ou epistemologia da técnica; b) tecnologia como sinônimo de técnica; c) tecnologia no sentido de conjunto de todas as técnicas de que dispõe determinada sociedade; d) tecnologia como ideologização da tecnologia.

Dentre os quatro conceitos de tecnologia dissecados por Vieira Pinto, a tecnologia como ideologização da tecnologia mostra-se com maior potencial intervencionista no processo evolutivo humano. Para o próprio filósofo Vieira Pinto, sob a análise de Costa e Silva, este conceito merece atenção, visto que trata da promoção do conceito em si, a uma ideologia social. É exatamente nesse ponto em que a tecnologia pode exercer maior influencia sobre a evolução humana, o qual será abordado com um pouco mais de minúcia e imaginação.

Embora a sociedade humana venha evoluindo ao longo dos seus cerca de 180.000 anos de história, a contar dos primeiros hominídeos, de forma virtualmente homogênea, não se pode esperar que toda a espécie continuará evoluindo e num futuro fictício distante a Terra estará habitada por uma única espécie humanoide, dotada de tecnologia avançada. Para que se compreenda de forma inequívoca esse pensamento, alguns pontos devem receber atenção.

Primeiramente, sob a óptica da Seleção Natural, uma espécie não se desenvolve por inteiro, todos os indivíduos igualmente. Lembremos os ensinamentos deixados por Darwin: os indivíduos aptos a viver em um ambiente são "selecionados", tornando-se diferentes, fisiológica e morfologicamente aos indivíduos da mesma espécie, mas que habitam regiões diferentes, com estímulos ambientais diferentes - simplificadamente. Ocorre assim a especiação, ou, em palavras mais diretas, a origem das espécies.

Desta forma, também a espécie humana poderá sofrer especiação. O que já pode estar ocorrendo, se deixarmos os preceitos do "politicamente correto" de lado e desconsiderarmos a ideia de segregação racial, visto que é uma prática abominável e desumana, observando que algumas comunidades humanas exibem características distintivas. Um exemplo para a distinção entre indivíduos da espécie humana é a diferença entre um indivíduo de descendência asiática, um japonês e um indivíduo de descendência negra. Embora ambos sejam classificados como *Homo sapiens sapiens*, é nítida a diferença entre as características dessas duas comunidades.

A globalização, no entanto, dissemina os genes humanos por todo o planeta, aumentando a miscigenação, reduzindo assim a possibilidade de especiação.

Entendamos o conceito de especiação e em seguida, as formas fundamentais de especiação, assim poderemos compreender as possibilidades supostas para a evolução humana.

Para que surja uma nova espécie, é necessário que os indivíduos de uma espécie sofram modificações em seu material genético, de forma que a reprodução com a espécie incipiente não ocorra, seja por alterações morfológicas, fisiológicas ou por mudanças nos períodos reprodutivos. Não discutiremos, também, o conceito de espécie, visto que ainda não existe uma concordância universalmente estabelecida.

O processo de especiação, no entanto, pode ocorrer de formas diferentes. A Especiação alopátrica ocorre quando uma espécie é separada geograficamente. Assim, havendo modificações evolutivas nesse ínterim, os grupos separados podem não conseguirem mais se reproduzir entre si, se voltarem a se encontrar.

No caso dos seres humanos, não podemos dizer, obviamente, que os diferentes fenótipos entre nigerianos e japoneses caracterizam espécies distintas, pois havendo coito, haverá todo o processo de fecundação e a prole será fértil.

Especiação peripátrica é uma variante da alopátrica. Essa, no entanto, ocorre quando uma pequena parte periférica da população é isolada geograficamente. Pelo fato de o isolamento ocorrer com um número menor de indivíduos, a "deriva genética" é mais eficiente, ou seja, as mudanças, e consequente especiação, tendem a ocorrer mais rápido. Assim, se isolássemos uma pequena parcela da população humana por tempo suficiente para que houvesse alterações genotípicas, produziríamos uma espécie humana mais rápido do que se fizéssemos o mesmo processo, porém, isolando 50% de toda a população humana.

A especiação simpátrica ocorre quando uma pequena população se diferencia sem que haja isolamento geográfico. Na especiação parapátrica também não ocorre isolamento geográfico. Os indivíduos tendem a cruzar com os indivíduos mais próximos, as populações se adaptam ao ambiente, originando assim, várias espécies[1].

As diferentes formas de especiação podem ser mais complexas do que se pode imaginar, mas para o nosso objetivo essa introdução é, sob minha óptica, suficiente para o proposto.

Como se pode observar, para que a espécie humana originasse uma nova espécie, como as outras das quais ela é derivada, são necessários fatores básicos como isolamento geográfico e/ou reprodutivo e uma área de abrangência da população. O *Homo sapiens*, todavia, não é mais isolado geograficamente, devido aos diversos meios de transporte, e a miscigenação gerada a partir da colonização e expansão territorial e populacional, ocorrida, principalmente, no último milênio.

Outro elemento a ser considerado para essa possibilidade evolutiva fictícia é o acesso às tecnologias e, neste ponto, voltamos ao conceito de tecnologia de Vieira Pinto. Apesar de muitos processos e equipamentos, como a clonagem de humanos ou a utilização de células-tronco embrionárias no tratamento de doença e reparação de tecidos lesionados e desenvolvimento de equipamentos potencialmente nocivos ao meio ambiente e à vida na Terra sejam, de certa forma, e algum grau de austeridade, reguladas e fiscalizadas por instituições internacionais, é evidente que cada nação, população ou grupo social tentará manter a soberania de seu povo ou grupo através de seu desenvolvimento tecnológico, quando houver.

Isso não se deve simplesmente pelo fato de uma cultura ser mais avançada, tecnologicamente, do que outra, mas sim pelo fato de que para que um grupo seja tecnologicamente mais avançado, foi necessário focar recursos e energia em áreas afins, como educação e projetos de desenvolvimento tecnológico.

Além disso, o próprio conceito filosófico de tecnologia pode mudar a dinâmica entre o objeto e o agente. O homem como agente intelectual, criativo e inventivo e as técnicas e materiais produzidos como objeto. Para Vieira Pinto, uma reflexão com a qual eu concordo, uma grande parcela da população com acesso à tecnologia, a vê, não como instrumento de transformação criado pelo homem, ser pensante e criativo, mas como um instrumento de adoração e muitas vezes até personificado. "Não é à toa que muitos atribuem "nomes próprios" às máquinas e se referem a elas como se estivessem lidando com seres vivos". Disse Gildemarks Costa e Silva[2].

Podemos concluir, sem medo de errar, que a tecnologia é transformadora; pode guiar uma população na busca pelo aprimoramento da espécie ou levá-la ao declínio e, na pior das hipóteses, à extinção. A tecnologia, em si, não é virtualmente nociva, mas a forma como ela é utilizada, sim. É como uma lâmina, que tanto pode salvar uma vida, nas mãos de um cirurgião, ou pode tirá-la, quando nas mãos de um delinquente. A grande questão é: Em quais mãos se encontrará o domínio tecnológico no futuro? Ou as maiores nações poderão iniciar uma nova "corrida tecnológica" incitada pelo medo da obsolescência ou pela necessidade evolutiva de se renovar tecnologicamente? Quais serão as habilidades necessárias da nossa espécie para sobreviver em um cenário de constante aprimoramento tecnológico? O número de perguntas é tão grande quanto o de respostas possíveis. O nosso dever como espécie, indivíduos sociais e seres humanos é refletir sobre tais questões até chegarmos às melhores soluções possíveis, caro leitor.

Seleção natural dos sistemas socioeconômicos

O comportamento humano, fruto de reações químicas controladas pelo material genético de cada espécie e de cada indivíduo, não é responsável apenas pela evolução individual – considerando como aceita a teoria do Gene egoísta – e biológica. Como consequência do desenvolvimento de inteligência, habilidades motoras mais precisas e autoconsciência, o homem também foi capaz de idealizar, coordenar e até manipular a forma como os indivíduos devem interagir intra e interespecificamente, para que o grupo seja bem sucedido.

Muitas espécies animais mantêm relações ecológicas muito bem definidas e estáveis. As abelhas da espécie *Apis melifera*, por exemplo, desde os estágios iniciais de sua vida, são classificadas quanto a sua função na colmeia, sendo as principais: os machos, a fêmea (rainha), e os operários. Os operários podem realizar determinadas tarefas desde as primeiras semanas, dentro da colmeia. Em seguida, elas iniciam tarefas fora da colmeia, como a patrulha ou busca por alimento. A rainha cuida da reprodução juntamente com os machos[1]. Desta forma, a sociedade das nossas amigas abelhudas tem sobrevivido ao longo dos anos, intempéries e às relações desarmônicas.

Será que as abelhas suportarão o fardo do avanço tecnológico, emissão de poluentes e desmatamento?

Assim como as abelhas, o *Homo sapiens* desenvolveu a habilidade de viver em sociedade. A revolução agrícola, além de se mostrar uma forma mais eficiente e cômoda de sobreviver, provocou também, grandes mudanças nas relações entre os indivíduos, que até então viviam em pequenos grupos de coletores-caçadores.

Com a expansão populacional – de pequenos grupos a grandes metrópoles –, surgiu a necessidade de um sistema de coordenação eficiente e próspera – pelos menos para umas das partes.

Dessa necessidade, aqueles indivíduos cuja imaginação e o poder de persuasão – ou violência de qualquer tipo – se destacavam, seja por suas habilidades estratégicas ou por herança hierárquica, conseguiram alcançar mais altas posições da sociedade e impuseram seus sistemas socioeconômicos, como o Imperialismo, Feudalismo, Monarquia, Socialismo, Comunismo, Liberalismo, Capitalismo, etc.

Não trataremos de esmiuçar as características de cada modelo socioeconômico por ser demasiado extenso e fugir do nosso intento. Assim, faremos uma breve reflexão acerca de como os modelos socioeconômicos podem ter relação com o Darwinismo.

Grandes impérios permaneceram, não raramente, sob o comando de um líder e seus sucessores, figuras, por vezes endeusadas, dotadas de poder, como no Egito antigo, no Império Romano, no Império Mongol ou mesmo no Comunismo de Stalin. Suas ideologias perduram por longos anos, décadas, séculos, até que a ganância provoca desestabilidade e a autodesintegração gradual de seus sistemas de controle das massas. A queda ou desintegração de uma forma de governo como o Império Romano, não se dá da noite para o dia. Este teve um processo que durou cerca de dois a três séculos[2].

Diferentemente da sociedade de abelhas-melifera, como se pode observar, os indivíduos das sociedades humanas possuem necessidades, desejos, sonhos, anseios. Possuem autoconsciência e subjetividade, que somando com uma dose e idealismo, rebeldia, inteligência e estratégia, temos a receita para uma revolução. A capacidade de observar o meio e de se perceber como individuo transformador faz do homem, a única espécie que muda a forma como os indivíduos da sociedade interagem, de forma consciente.

Os algoritmos biológicos que coordenam a sociedade das abelhas o fazem de forma automática. O *Homo sapiens*, por outro lado, adaptou a sociedade à sua forma de pensar e interagir intraespecificamente. O homem é capaz de decidir qual ideologia socioeconômica exibe maiores vantagens e maior viabilidade de instituição – em alguns casos, a ideologia pode ser imposta, como nas ditaduras.

Mas se o homem pode analisar suas opções de acordo com suas necessidades ou aspirações, por que hoje alguns países vivem de acordo com o capitalismo e não o socialismo, enquanto outros vivem sob o comunismo e não o capitalismo? Por que há essa diversidade de opções, mas quem domina é o capitalismo?

A mente humana é um dos grandes mistérios ainda não desvendados, devido seu alto nível de complexidade, sendo assim, as relações que decorrem desse instrumento – a mente – não poderiam ser diferentes. Mas se observa que os modelos socioeconômicos são uma consequência do contexto humano. Se o capitalismo hoje rege a maior parte dos países, é porque estas sociedades já não mais conseguiam manter sua estrutura organizacional utilizando outro modelo.

A própria origem do socialismo, comunismo e capitalismo estão intrinsecamente ligadas ao descontentamento de classes sociais desfavorecidas e que, através do pensamento crítico, criativo e sistematizado, desenvolveram novos modelos de organização da vida social e política. Tanto o socialismo quanto o comunismo nasceu da ideia de um mundo em que todos os homens vivessem de forma digna e igualitária, com educação, saúde, menor jornada de trabalho – por volta do século

XVIII era de 14 horas diárias – e condições de vida menos animalescas[3].

O ponto chave de todas as mudanças na sociedade humana está centrado no caráter subjetivo, autoconsciente e crítico do ser humano. O homem pode rebelar-se contra seus superiores, em consequência de seu descontentamento, com os recursos disponibilizados, ou pelos caros impostos que pagam, sem que tenham um retorno justo; o homem aspira prosperar, e para isso, articula, manipula, extorque, violenta e até mata. As mesmas atitudes arbitrárias podem ocorrer por parte daqueles que detém o poder. Hoje, manipulando as massas menos abastadas, em outrora, sob ditadura e conquistas violentas – ainda em 2019 existem países que vivem sob regime ditatorial; na pior das situações, através do medo e do genocídio, que embora desumano, é uma prática estritamente humana.

As abelhas operárias, por outro lado, não questionam quanto alimento recebem; não reclamam de suas horas de trabalho árduo na colmeia; não se sentem descontentes com a autoridade de sua rainha – o líder; não esquematizam revoltas, motins; não competem umas com as outras a fim de ser tornar um soldado ou tomar o lugar da rainha para si. Não criam sindicatos. Elas simplesmente vivem segundo o que comandam seus genes. Seguem à risca, e de forma estável, a organização social na qual estão inseridas. Elas não criticam; não almejam altos postos hierárquicos de sua sociedade.

Como o homem não pode mudar sua população de lugar sempre que chega a uma densidade demográfica insustentável, como fazem as abelhas, lhe resta mudar a sociedade, seja por escolha popular ou imposição. Desta forma, os modelos socioeconômicos foram e estão suscetíveis a uma espécie de Seleção natural da organização da sociedade humana, onde aquele modelo que não está adaptado às necessidades de uma população, pode ser substituído por outro.

Analisando, historicamente, as mudanças de modelos socioeconômicos, pode-se observar que em determinado momento, variáveis como cultura, ideologia, religiosidade e relações de produção – a grosso modo, é a relação entre o que se produz e o que se consome – como cita Spindel:

> "A superestrutura que está toda ela construída sobre a infraestrutura formada pelo conjunto das antigas relações de produção também se torna inadequada. A mudança das relações de produção (e consequentemente de toda a superestrutura) faz-se necessária e abre-se a possibilidade de revolução social".

Esta última, as relações de produção, é uma das variantes mais importantes, diga-se de passagem, são fundamentais para que ocorram mudanças sociais. E tendo como certo que todas essas variáveis dizem respeito às características quase que exclusivamente da subjetividade humana, pois está atrelada ao sentimento de descontentamento e injustiça, esta é, assim, o marco para a mudança, ou Seleção natural do modelo socioeconômico.

As mudanças sociais humanas não ocorrem apenas uma vez a cada milênio. As últimas ocorreram em um passado recente da história social humana, como a transição do modo de produção feudal para o modo capitalista, entre os séculos XIII e XV[4]. Mas devido o grau de complexidade e diversidade da mente e comportamentos humanos, é difícil determinar que modelo socioeconômico poderá vir a ser o próximo de uma ou de outra população, daqui a 50, 100 ou mil anos.

Podemos, entretanto, criar cenários fantasiosos, fictícios, utópicos e até mesmo impensáveis para as gerações passadas, presentes e futuras próximas. Não é necessário e tampouco produtivo confinar sua imaginação, para se manter em ressonância com os estereótipos de ideologias do seu tempo. Lembre-se de quantos pensadores, filósofos e cientistas foram desacreditados, de início, mas no fim, tinham em suas palavras e pensamentos, a verdade em sua forma plena, ou mesmo parcial. Portanto, permita-se imaginar o impossível e criar o inédito.

Yuval Harari acredita que no futuro, a Inteligência Artificial terá um papel fundamental na mudança do panorama social global, devido a sua gigantesca capacidade de processar dados, tornando grande parte das profissões obsoletas, e consequentemente, homem, em sua forma orgânica, será também inútil[5]. De fato, observamos a automatização de setores que outrora era um campo exclusivamente humano, como os sistemas de atendimento ao cliente[5] ou até mesmo motoristas de táxi.

E quanto a você, arguto leitor, qual é a sua ideologia para uma sociedade igualitária, mesmo em suas diferenças, vivendo em uma interação ecológica perfeitamente harmônica, intra e interespecificamente?

A evolução do homem na ficção

Algumas ficções fazem alusão, de forma fantástica, quando se trata de modificação genética em humanos. Desde os super-heróis e vilões dos filmes, livros e HQ's, até obras mais realistas, o tema parece trazer certo grau de perplexidade, curiosidade para quem lê e/ou assiste. Cativa a imaginação das crianças e adolescentes, e até de alguns adultos. Mas algumas dessas ficções podem não estar tão distantes da realidade.

Um exército formado de clones geneticamente modificados: aumento de massa corporal, densidade óssea e altura; visão, olfato e audição mais desenvolvidos; resistência a longos períodos de sono, fome e sede, pronto para destituir governos e conquistar o mundo. Seria um bom tema para um filme de ficção. Mas essa ficção pode estar mais próxima do real do que podemos prever.

Trataremos neste capítulo, de pontuar algumas obras da ficção que, de uma forma ou de outra, aguçam nossa curiosidade para as novidades tecnológicas, compreendendo que elas são fruto da psique humana e sua capacidade criativa, inventiva, subjetiva e biológica. Até onde vai a verdade dos filmes, séries e livros de ficção científica e aventura?

Retomemos as ultimas ideias do capitulo anterior, sobre os modelos socioeconômicos, onde você, caro leitor, foi convidado a criar sua própria versão alternativa do futuro da sociedade humana, como muitos outros o fizeram.

Convencido da atual incapacidade de se perceber como indivíduo social e compreender a dinâmica entre indivíduos sociais que leva à prosperidade e estabilidade da sociedade – ideia socialista ou a exemplo da sociedade das abelhas-melífera – com um todo, não creio que o filme Equilibrium, lançado em 2003, seja tão fictício.

A trama se passa depois de uma suposta 3° Guerra Mundial. A partir dela, o governo decidiu que todos os seres humanos deveriam tomar um medicamento que inibia a capacidade de ter sentimentos. Sem os sentimentos de amor, ódio, patriotismo, obsessão etc, a espécie humana estaria a salvo de uma extinção provocada por outra guerra.

Neste caso, os homens eram quase como abelhas. Realizavam todas as suas tarefas diárias sem reclamar, sem opinar, sem descontentamento. Assim, a sociedade vivia em harmonia. E para nossa sorte – ou azar –, estamos cada vez mais perto de conhecer os caminhos do pensamento humano. Já se sabe que aquilo a que atribuímos o termo "sentimento" é, na verdade, resposta fisiológica desencadeada no cérebro por estímulos externos. O amor e a paixão, biologicamente, não vêm do coração. O coração apenas bombeia sangue. Para o bem e para o mal, os sentimentos podem influenciar nossa saúde, sobretudo cardíaca.

Alguns estudos corroboram a ideia de que seu estado psicológico pode afetar a saúde do coração, e consequentemente, do indivíduo como um todo. Quando uma pessoa está sendo afetada por sentimentos negativos, seja tristeza, mágoa; ou por qualquer motivo que seja, a pessoa está sempre irritada, sua pressão arterial é elevada, o que faz como que o coração tenha que trabalhar mais arduamente. Quanto mais essa situação se prolonga, mais danos o coração vai sofrer, pois, assim como o motor de um automóvel, que ao trabalhar em alta rotação por muito tempo sofre danos, nosso coração também sofrerá se o forçarmos a trabalhar tanto.A depressão também está na lista das grandes más influências para nosso corpo. Ela aumenta a produção de substâncias inflamatórias em nosso organismo, interleucina-6 e a proteína C-reativa.[1] Então, se quisermos adoecer menos, devemos combatê-la.

O medo, por exemplo, interpretado pelo sistema nervoso autônomo simpático, promove a liberação de neurotransmissores para órgãos-alvo, que produzirão adrenalina e noradrenalina; o córtex das glândulas adrenais será encarregado de produzir e liberar o hormônio cortisol, que deixará o individuo com maior capacidade física e cognitiva para lutar contra o agressor – aquele que provocou o sentimento de medo – ou fugir[2].

Quando uma pessoa realiza alguma atividade que lhe dá prazer, como jogar futebol, ouvir músicas da banda preferida ou ver a pessoa que ama faz o organismo produzir e liberar endorfina, um hormônio que está relacionado à sensação de bem-estar e prazer. O mesmo hormônio que liberamos depois do ato sexual. Depois do ato sexual, no entanto, a liberação é muito maior. Há um entendimento científico de que o amor e a paixão são respostas fisiológicas do nosso organismo, sabe-se também que os hormônios estão intimamente relacionados com esses sentimentos, desta forma, compreender como ocorrem essas respostas e como intervir sobre elas, significa um passo a mais, na direção daquilo que vimos como ficção[3].

Já em relações estáveis, outros hormônios estão relacionados: ocitocina pode ser um dos principais hormônios relacionados à monogamia em roedores, e quem sabe até em humanos, sendo responsável pelas ligações sociais e amorosas entre indivíduos[4].

Além conhecer a química, parcialmente, a química de algumas emoções, o *Homo sapiens* tem conseguido aprender mais sobre a anatomia do cérebro e o mapeamento de áreas cerebrais relacionadas às emoções[5]. Desta forma, ao adquirir mais conhecimento sobre as estruturas e a química cerebral que controla as emoções, a ciência poderia desenvolver substâncias que atingiriam uma área-alvo, de acordo com seus objetivos e/ou necessidades. Com conhecimento suficiente e tecnologias aperfeiçoadas, essas substâncias poderão ser produzidas pelo próprio organismo, como se fosse natural. O conhecimento está ao alcance e a principal ferramenta já está sendo aperfeiçoada. A sigla CRISPR representa o Santo Graal, sob meu ponto de vista, da engenharia genética, como veremos em breve.

Embora pareça demasiado calculista, pode ser uma ótima estratégia para pessoas que sofrem pelo término de um relacionamento. Do ponto de vista evolutivo, passar meses se lamentando por um relacionamento que não deu certo é altamente desvantajoso. Uma situação que pode levar à depressão e em casos mais extremos, suicídio.

É fato que as mulheres têm cerca de três vezes mais chances de passar por episódios de depressão em sua vida, do que os homens, mas ser maioria não significa que o sexo masculino está isento.[6] As causas da depressão são diversas e muitas não estão ligadas diretamente ao sexo do indivíduo, como acontecimentos marcantes; bullying ou chantagem emocional; doenças graves; alterações hormonais ou o uso de remédios.[7]

Alterar os números das referencias a partir deste ponto

Usemos uma situação fictícia, mas não impossível, para compreendermos essa estratégia.

Considere um jovem casal apaixonado, que se conheceu em uma festa. Meses depois de se conhecerem, a moça decide que não quer mais se comprometer com o jovem rapaz e este, a partir de então, fica bastante triste durante longo tempo. Tem baixa autoestima, não tem mais motivação no trabalho ou nos estudos e seu rendimento cai; mesmo na companhia de seus amigos, na mesa do bar ou em numa festa, consegue pensar em sua amada e na certeza de não poder tê-la de volta, não enxerga a vastidão de oportunidades que o mundo possui e nos dias mais sombrios, pensamentos suicidas penetram em sua mente.

Como este rapaz poderia resolver-se diante desta situação?

Provar o doce néctar do amor é algo incrivelmente perigoso, como na mitologia. Ao se apaixonar, as pessoas possuem menor capacidade de raciocínio e crítica, fazendo com que a pessoa amada tenha seus defeitos atenuados ou extintos.[8] Na prática, quando alguém se apaixona, não enxerga o quanto a pessoa amada pode ser egoísta, arrogante, um pouquinho mais gorda ou menos bonita – considerando possíveis "padrões de beleza" do apaixonado –, do que realmente é. Como se você se apaixonasse por um homem ou mulher que mais parece a bruxa de *A Branca de neve* ou o *Freddy Krueger*, mas enxerga a Scarlett Johansson e Chris Evans

O tratamento de pessoas diagnosticadas com depressão aguda, moderada a grave é bastante eficiente quando administrado antidepressivos.[9] Essas substâncias poderiam ser produzidas naturalmente, pelo organismo, uma vez que os sintomas da ansiedade e depressão são determinados, também, por substância produzidas no corpo. A Serotonina, por exemplo, é um neurotransmissor

Considerando a gravidade e intensidade do problema do qual o jovem está passando e com conhecimento adequado acerca das substâncias atuantes naquilo que chamamos de amor, como a vasopressina, fármacos poderiam ser desenvolvidos especificamente para cada paciente, de acordo com a singularidade de seu caso. Excluindo assim, a possibilidade daquele vir a cometer suicídio ou atentar contra a vida de outrem.

2 – Tratamento psíquico

Este tratamento pode e deve ser realizado com o auxílio de um profissional, pois este dará o suporte necessário para que o ajude a entender profundamente que a situação pela qual está passando é exatamente isso, algo passageiro. Trata-se da gestão dos próprios pensamentos; de compreender e separar quais pensamentos são benéficos e quais são nocivos.

Gerir a própria psique é assaz importante e Augusto Cury dá alguns exercícios que podem ajudar uma pessoa a ganhar o controle de seu intelecto.

1 - Gastar pelo menos dez minutos passeando ou alguns minutos várias vezes ao dia para fazer uma mesa redonda diária com os medos, ansiedades, preocupações, angustias, estilo de vida doentio.

2 - Cada pensamento negativo deve ser confrontado pela arte da crítica e da dúvida no exato momento em que aparece, pensar, refletir, questionar e até impugnar e protestar contra cada ideia perturbadora ou estímulo estressante que asfixia o prazer e a tranquilidade.

3 - Aprender a conservar o senso de espaço ou propriedade psíquica, ninguém pode invadir esse espaço sem que você permita.

4 - Sempre se perguntar quem sou, onde estou, o que sou, o que quero, qual o meu papel como ser humano e ser social.

5 - Cuidar da psique como a mais importante empresa, a única que não pode falir.[9]

Talvez excluir o trecho acima

A administração de substâncias exógenas, com o objetivo de alterar o estado emocional não é algo novo, tampouco incomum. Pessoas com problemas de ansiedade tomam ansiolíticos e aqueles que querem ficar "ligados", em estado de alerta, consomem anfetaminas.[10] A papoula, por exemplo, de onde é extraída a morfina – natural – e a heroína – semissintético; foi supostamente cultivada pelos sumérios por volta de 5000 anos. Desde essa época; os egípcios, o império romano, gregos e europeus utilizavam as plantas da quais extraiam o ópio para tratamentos medicinais. Até hoje, os opioides são estudados e utilizados na medicina na forma de analgésicos.[11]

Em 1997 nascia o primeiro animal clonado, a ovelha Dolly. Uma notícia com imensa repercussão. Foram 266 tentativas sem sucesso até conseguir clonar um animal e que este conseguisse nascer com vida. A taxa de eficiência da técnica de clonagem era muito baixa, o que expõe os riscos de se realizar o procedimento sem qualquer restrição.[12] Recentemente, cientistas chineses conseguiram clonar macacos, utilizando a mesma técnica utilizada com ovelha Dolly. O primeiro primata clonado, possibilitando a criação de inúmeras cópias dos macacos clonados. Mas as barreiras éticas e de biossegurança ainda não permitem a criação de clones humanos. É de se esperar que este tipo de barreira seja, de certa forma, imposta pela comunidade científica mundial, além de instituições religiosas.[13]

Em 2005 foi lançado um filme chamado "A ilha". Clones eram criados e mantidos confinados em uma instalação onde esperavam sua oportunidade de ir para um lugar da Terra que ainda poderia ser habitado. Ao descobrir que eram clones, que serviam apenas como uma fonte de órgãos para transplante para os humanos originais, alguns deles tentam fugir. Uma trama intrigante e que nos induz à reflexão de alguns pontos cruciais para a vida real.

Se uma organização ou governo decide criar um clone humano, este indivíduo será considerado uma pessoa comum? Terá um CPF (comprovante de pessoa física) próprio? Terá os mesmos direitos e garantias que qualquer outro cidadão? Ou poderá ser tratado como um objeto, uma fonte de peças sobressalentes para outros humanos?

E se você fosse o clone?

Entre os anos de 2001 e 2002, uma emissora de televisão brasileira exibiu uma novela em que um dos temas principais era a clonagem humana. É óbvio que, sendo uma novela, não seria restrita a esse assunto. No entanto, para quem está sempre buscando discussões sobre ética e religiosidade, essa é uma história. No período em que a novela foi exibida, já havia um grande debate sobre biossegurança, ética e pressão religiosa acerca da clonagem, sobretudo de humanos.

Na novela "O Clone", um geneticista, após a morte acidental de um afiliado, clona, secretamente, seu irmão gêmeo, que sobrevivera ao acidente. Pode-se interpretar a atitude do geneticista com demasiada egocêntrica, visto que ele cruzou os limites dá ética para satisfazer seu ego.

Um casal é informado pelos médicos que sua filha tem leucemia e possui poucos anos de vida. Orientados pelo médico, uma chance de salvá-la seria gerando um embrião selecionado que fosse compatível, para que ao nascer pudesse ser doadora para a irmã mais velha. Depois de vários procedimentos médicos durante seus primeiros 11 anos e a iminência de doar um rim, a filha mais nova enfrenta seus pais, busca apoio jurídico para que se liberte do "dever" de ser doadora de sua irmã.

Essa é uma sinopse do filme: Uma prova de amor (2009). Um belo drama, interpretado por dois grandes atores de Hollywood, Cameron Dias (mãe da doadora e da receptora) e Alec Baldwin (advogado). No entanto, está repleto de questionamentos éticos e filosóficos no que tange a intervenção humana na cura e tratamento de doenças, bem como na utilização do ser humano como um "repositório de peças".

Esse tema, por mais impensável que possa ser para algumas pessoas, não seria de todo surpreendente se ocorresse na vida real. Gerar uma criança para que ela seja uma doadora de órgãos não é algo presente apenas na ficção. Em 2001, esse tipo de procedimento foi realizado pela primeira vez na Inglaterra. Inicialmente, era necessária uma autorização por um órgão competente. Hoje, esse processo burocrático já não é mais necessário.

A flexibilização e a aceitação de determinados processos, cujo objetivo é garantir a vida do gênero *Homo* pode parecer perigoso, ameaçador, um sacrilégio, mas é tão natural como o curso de um rio que corre perene da nascente à foz. Mudanças sempre trazem consigo a sombra do medo, do receio, mas o ser humano não deixa paralisar seu avanço pelo medo ou pelo receio e, nos últimos séculos, também não se deixa amedrontar pelas crenças religiosas que dominaram as massas por tanto tempo.

Em 2011, um casal gerou um bebê, Maria Clara, que foi selecionada entre outros embriões para que ao nascer pudesse ser doadora e salvar a irmã, que tinha uma doença que afeta as células do sangue, a talassemia maior, causando anemia[14].

Em casos assim, questionamentos de natureza ética e de segurança biológica poderiam ser levantados. Gerar uma criança com o intuito de que ela venha a ser uma doadora é ético ou não? Seria uma atitude vil gerar uma vida com o intuito principal de que ela viesse a salvar outra vida?

Segundo Mariangela Badalotti, presidente da Sociedade Brasileira de Reprodução Humana (SBRH), em 2013, *"A questão que envolve este assunto, na minha avaliação, é: um bebê programado exclusivamente para servir como meio não é desejável".*[15] Essa fala, embora possa passar uma ideia do ideal, eticamente, deixa implícito que não é uma regra. Desta forma, deixa-se uma lacuna aberta para que o monstro da subjetividade humana possa preencher.

Num outro caso, ao descobrir, na 18º semana de gestação, que seu futuro bebê era anencéfalo, decidiu-se continuar a gestação para que seu bebê pudesse salvar outras vidas, doando seus órgãos.[16] Nesse caso, em particular, o bebê anencéfalo teria uma expectativa de vida muito baixa e sua geração não teve o objetivo inicial de usá-lo como fonte de órgãos para transplante. O fato de o bebê nascer sem partes do cérebro foi apenas uma malformação congênita causada por algum teratógeno, não que o uso do termo "apenas" seja alguma forma de eufemismo, mas as possíveis causas são conhecidas e não se trata de um evento randômico, algo como uma roleta-russa genética.[17]

Em ambos o casos, observa-se o quanto as atitudes humanas podem melhorar suas chances de sobrevivência. Em alguns casos, a sobrevivência do indivíduo, em outros, da espécie, que de forma, aparentemente não intencional, tem-se mantido na luta evolutiva. Casos de altruísmo genuíno, até que se prove o contrário.

Que outra espécie na Terra consegue usar órgãos de outro indivíduo da sua espécie para se safar das garras gélidas da morte, mesmo que inconscientemente? Caranguejos-ermitões (*Clibanarius vittatus*) usam conchas de gastrópodes vazias que encontram para se protegerem dos predadores.[18] Considerando que os ermitões precisam de uma parte do corpo que já pertenceu, originariamente, a outro indivíduo, de outra espécie, diga-se de passagem, para que consiga sobreviver mais um dia na batalha natural, esse seria um exemplo de transplante de órgão na natureza. Um transplante extremamente simples, mas um transplante.

Um indivíduo vem a óbito, mas um de seus órgãos permanece apto a ser utilizado por outrem, que ao perceber a oportunidade, realiza um transplante do órgão do falecido para si. Uma relação doador-receptor muito conveniente e uma tática de sobrevivência muito eficaz. No mundo animal funciona basicamente assim.

Na sociedade humana precisaríamos acrescentar uma clínica e equipe médica; instrumentos e técnicas específicas; órgãos compatíveis... embora mais complexa, a estratégia humana permanece semelhante à do ermitão. Para sobreviver, podemos utilizar algo de alguém que não mais irá precisar.

Algumas culturas, contudo, não aceitam o conceito de transplante devido suas crenças não permitirem. As Testemunhas de Jeová, um segmento religioso cristão, não aceitam transfusão sanguínea total ou dos principais componentes: glóbulos vermelhos; glóbulos brancos; plaquetas e plasma, bem como sangue autólogo; Células-tronco embrionárias e medula óssea. Essa restrição das Testemunhas de Jeová é baseada em passagens bíblicas, como Gênesis 9:3,4: "Somente não comam carne de um animal com seu sangue, que é a sua vida"[19].

Dois jovens, casados há pouco tempo, estão planejando a primeira prole, mas o sonho se desfaz quando um deles, o homem, sofre um acidente no trânsito. Ao chegar ao hospital, depois de perder muito sangue, o médico avisa que o paciente precisará de um transplante de sangue urgente. O rapaz, infelizmente, vem a óbito, pois sua crença religiosa não permite que receba sangue.

Essa não é uma situação impossível. Mas o fato é que o patrimônio genético do rapaz foi perdido. As possíveis combinações genotípicas entre ele e sua esposa agora são apenas impossibilidades matemáticas e biológicas, visto que estão separados pela morte.

Seguindo o conceito de Seleção natural, abster-se de um procedimento capaz de lhe manter vivo, dispersando seus genes pelo planeta, não é uma estratégia de sobrevivência muito inteligente, sobretudo se o indivíduo que está no limbo entre a vida e a morte não tiver deixado ao menos um descendente. Por outro lado, se um indivíduo carrega um gene que determina uma doença, como a anemia falsiforme, nega a si mesmo o direito de receber uma transfusão sanguínea que poderia salvar sua vida, e por consequência vem a falecer, o individuo em questão estaria quebrando uma cadeia de transmissão de genes nocivos, que poderiam ameaçar a espécie, como no caso do gene para albinismo, na natureza. É raro ver um crocodilo albino porque esse seria um alvo fácil para seus predadores naturais. Desta forma, se um crocodilo albino não sobrevive até a fase adulta e não se reproduz, a chance de outro crocodilo albino nascer é drasticamente reduzida, não se tornando uma ameaça à espécie.

Recentemente, um filme intitulado Rampage, abordou a temática envolvendo manipulação do genoma de forma explícita e criativa. Tratava de um experimento envolvendo a inserção de genes de uma espécie em outra, havendo assim a mistura de características de espécie diferentes em um único indivíduo. O filme, em si, traz à luz a CRISPR como a ferramenta para tal manipulação do DNA, e como já vimos, essa é uma ferramenta tecnológica atualíssima, utilizada na vida real para modificar alguns organismos e que também pode ser utilizada para se realizar modificações pontuais em seres humanos, como determinar a cor da pele ou gerar órgãos dos sentidos mais bem desenvolvidos. No entanto, essa tecnologia ainda está sendo aperfeiçoada, e assim como a clonagem, edições no DNA humano ainda não são permitidos pela bioética.

Se não houvesse mecanismos legais que proibissem determinadas pesquisas envolvendo os seres humanos, o avanço nas tecnologias e processos, assim como nas descobertas poderiam ser enormes. Por outro lado, o risco de se utilizar material genético humano também poderia provocar consequências catastróficas.

Imagine que um governo decida adicionar ao material genético humano, genes que tornam um indivíduo mais resistente ao frio, com uma capacidade regenerativa mais rápida do que de humanos normais, maior capacidade de utilizar o oxigênio disponível, mais forte. Esse poderia ser com certeza, um soldado muito acima da média, e com um treinamento específico se tornaria uma vantagem sobre os demais exércitos. Faça um exército de clones com essas características, adicione o fator obediência e você poderá estar vivendo um episódio de Star Wars.

Outro filme, intitulado "O Titan", aborda diretamente a necessidade de o homem ter seu genoma modificado. Em certo período, depois do caos global causado por guerras nucleares e eventos climáticos, a escassez de recursos e um ambiente impróprio para a sobrevivência do *Homo sapiens* obrigam um grupo de cientistas a desenvolver mudanças no genoma humano para que ele possa se adaptar a viver em um dos satélites naturais de Júpiter, Titan. Apesar de parecer demasiado fantasioso, essa não é uma possibilidade que minha humilde pessoa descartaria. Atentando ao fato de que técnicas que possibilitam alterações genéticas são uma realidade.

Usando uma situação prática hipotética, tentemos compreender por que as ferramentas de edição podem ser necessárias: considerando o ambiente como um elemento da seleção natural passivo de mudanças, aquelas espécies que não estão aptas a viver nele deveriam migrar para outras regiões ou, sob a pressão ambiental, adaptar-se às mudanças; se as mudanças que ocorrem num determinando ambiente, como por exemplo, um aumento exorbitante da temperatura média global do planeta Terra são bruscas a ponto de ser impossível que haja adaptação em tempo hábil, uma solução para a sobrevivência seria a colonização de outro corpo celeste.

Outro aspecto a ser analisado, quando se trata de modificar geneticamente a espécie humana, é o tempo. Quanto tempo levaria para que cada indivíduo da nossa espécie tivesse seu DNA editado? Que estratégias poderiam ser utilizadas para modificar a espécie humana no menor tempo possível?

Se o objetivo for modificar a espécie humana, o tempo necessário para que todos os indivíduos da espécie tenham sido alterados geneticamente seria demasiado elevado por causa da duração das gerações da nossa espécie, visto que as modificações não são realizadas em indivíduos adultos, mas sim em embriões. Até agora. Mas pensar em modificar o DNA humano célula por célula é impensável, pois estamos falando de cerca de 10.000.000.000.000 (10 trilhões) de células.[20] Mesmo com as técnicas mais avançadas, a edição de material genético ainda é um processo lento, sobretudo quando as modificações ocorrem em células somáticas. No entanto, como já vimos, pesquisas em embriões já estão sendo realizadas e, apesar de ultrapassar os limites éticos, vejo a edição de DNA embrionário como a verdadeira fórmula para um salto evolucionário humano.

Uma forma de editar o material genético humano seria utilizando com vetor para o Cas9, como os vírus. Esse tipo de intervenção humana em seu genótipo já está sendo estudada e experimentada como forma terapêutica para a correção na desordem de genes recessivos, causadores de doenças como a fibrose cística, anemia falsiforme e distrofia muscular, além de problemas genéticos adquiridos como o câncer e AIDS. A terapia gênica de edição do DNA, apesar dos avanços, ainda precisa ser completamente compreendida, em todas as suas nuances para que possa ser efetivamente utilizada com segurança e ética.

No entanto, o *H. sapiens* está dando passos largos na direção da possibilidade da edição do próprio DNA, abrindo um leque enorme de possibilidades para a evolução humana. Isso, no entanto, se não tiver um forte controle e fiscalização dos processos e produtos gerados, pois o avanço, uso indiscriminado e partidário dos processos de edição gênica podem gerar conflitos de ideologia, quando os objetivos do aprimoramento do processo de edição das características humanas estão relacionados com a necessidade de manter a superioridade armamentista, tecnológica e, possivelmente evolutiva, muitas vezes marcada pela falta de amistosidade, e em casos mais extremos, conflitos armados e guerras.

Seres humanos capazes de ter sua consciência, memória e habilidade adquiridas durante seu período de vida, transferidos para outro corpo, por uma espécie de cartão de memória ou armazenados em bancos de dados; clones feitos bioimpressoras 3D; cirurgias feitas por robôs; carros que voam e um futuro onde pessoas com maior poder aquisitivo podem ter clones para reposição de órgãos ou mesmo para reposição de todo o corpo. Quem acha que isso é o cenário de um filme de ficção científica quase acertou. Trata-se de uma série, Altered Carbon (Carbono alterado, 2018).

Apesar de parecer demasiado fictício, esta série de televisão, cujo livro do qual foi inspirado recebe o mesmo nome, possui vários elementos que parecem, de certa forma, antever até onde a ciência e a evolução do homem pode chegar. A clonagem de pessoas, que hoje ainda é uma prática considerada antiética, na série, é algo comum; partes do corpo danificadas substituídas por outras, mecânicas ou artificiais; fabricação de partes humanas a partir de uma máquina se assemelha com a tecnologia de bioimpressão, que o homem tenta desenvolver e aprimorar atualmente; uma civilização com grau de desenvolvimento tecnológico capaz de colonizar outros planetas; pessoas que vivem, praticamente, em castas determinadas pelas riquezas materiais, exercendo influência sobre o poder público.

Observa-se que, no período em que a série se passa, aparentemente, muitos tabus e paradigmas já não existem. Será que esse é realmente o futuro da humanidade? A clonagem, a inteligência artificial e a robótica serão protagonistas tão presentes na nossa vida, como os protagonistas de um romance?

O curso do desenvolvimento tecnológico é de certa forma, previsível. Previsível também são os debates sobre as questões éticas e de segurança que envolvem todas as inovações tecnológicas. Imprevisível é a evolução. Nesse ponto, só podemos especular, criar modelos de características prováveis, de acordo com os cenários adotados.

É evidente que, no futuro, a inteligência artificial tendenciosamente terá papéis importantes no cotidiano. Cada vez mais, as empresas buscam tecnologias que reduzam as despesas com mão de obra e direitos trabalhistas, sistemas automatizados serão cada vez mais presentes. Além da área computacional, vislumbro um futuro onde as próteses em humanos serão quase imperceptíveis e extremamente funcionais, de forma que não se poderá distinguir entre o que é orgânico e o que é mecânico.

É possível que, em cem anos, o homem já consiga fabricar órgãos inteiros utilizando bioimpressão e células-tronco. Isso pode reduzir drasticamente as filas de espera por transplantes de órgãos e salvar milhões de vidas, mas pode também ser uma brecha para que profissionais mal intencionados e clínicas falsas, ou sem competência para realizar tais procedimentos, ofereçam serviços de baixa qualidade por um preço baixo. Não muito diferente do que ocorre atualmente com os tratamentos estéticos, onde pessoas que buscam melhorar sua aparência física, pagando um preço acessível, acabam sendo lesadas, seja por um procedimento cirúrgico que não saiu como esperado ou porque a cirurgia deixou sequelas indesejadas e imprevistas.

Não importa o quanto o homem consiga se desenvolver tecnologicamente, ou qual seu grau de evolução, sempre haverá aqueles indivíduos desonestos e inescrupulosos que tentarão de toda forma conquistar aquilo que compreende por "sucesso". Sendo provável que algumas pessoas realmente produzam clones de si para usar como peça sobressalente, seja isso, no futuro, legal ou não. Pensando em como o homem pode ser ambicioso e egocêntrico, chego a imaginar a possibilidade de já existirem cópias humanas entre nós. Que talvez, nem as cópias saibam que sejam.

Nesse ponto, as discussões sobre a ética devem ser constantemente invocadas; transformadas e aplicadas, de forma imparcial, em forma de lei, para que o egoísmo de uns não fira o direito de outros.

Aparentemente, o Admirável Mundo Novo está se tornando uma realidade cada vez mais palpável, pelo menos no que tange às possíveis modificações genéticas em humanos, onde todas as características do indivíduo podem ser escolhidas de acordo com a necessidade, na forma de castas.[21] Mas até chegar a esse ponto, se é que vamos chegar, a espécie humana tem um longo caminho pela frente.

Por um longo período de sua existência como espécie, o *Homo sapiens* tem sofrido alterações genéticas e epigenéticas; pequeninas mutações que se acumularam a cada geração. A natureza, por sua vez, se manteve ativa, punindo aqueles indivíduos não adaptados, com a morte ou a incapacidade de gerar descendentes férteis; recompensando os indivíduos mais bem adaptados com a oportunidade de se reproduzir e, por conseguinte, espalhar seus genes pelo planeta. A partir do desenvolvimento das formas de comunicação, contudo, o homem passou a adquirir, com o tempo, conhecimento e habilidades que o tornaram capaz de criar ferramentas que o ajudaram entender seu ambiente e a si próprio; desenvolver processos e materiais que permitiram ao homem explorar diferentes ambientes e climas; sobreviver às mais diversas pragas e intempéries.

Homo sapiens x planeta Terra

Sobreviver diariamente às adversidades é um tarefa árdua, constante, inevitável e inerente a todas as espécies vivas. Os seres humanos, no entanto, adicionam um pouco mais de dificuldade a uma tarefa natural. Além de sobreviver aos desafios que o ambiente, originalmente, impõe, o homem também pode ter criado desafios extras, a partir do momento em que passou a utilizar recursos naturais de forma desenfreada, provocando alterações nos ciclos biogeoquímicos e teias alimentares.

Existem vertentes que divergem em opinião acerca das mudanças climáticas. Para alguns pesquisadores, é um fenômeno natural e independe da ação antrópica (do homem), outros afirmam que o homem é o principal responsável. Um debate virtualmente interminável, mas de muita relevância, que pode influenciar nossa sobrevivência no planeta e que pode envolver questões socioeconômicas.

Para muitos estudiosos, as mudanças climáticas podem vir de causas antrópicas, como Al Gore, em seu documentário: Uma verdade inconveniente (2006). Em seus argumentos, Al Gore, assim como outros defensores da ideia da mudança climática antrópica, há relação entre o aumento da emissão de dióxido de carbono (CO_2), acima de uma taxa natural. Outros defendem a ideia de que as mudanças climáticas e aquecimento global dependem, em sua maior parte, de fatores que estão além da influência humana, isentando, de certa forma, as atitudes possivelmente nocivas do homem. Neste lado do campo de batalha das ideias sobre as mudanças climáticas temos o meteorologista Luiz Carlos Molion[1]. São muitas as variáveis que estão relacionadas ao efeito estufa na Terra.

Para muitos, é difícil imaginar o quão interligado são os processos que mantém o equilíbrio nos ecossistemas da Terra. Compreender que vivemos em um ambiente que funciona a partir de processos cíclicos, e que uma alteração nesses ciclos – do oxigênio, carbono, nitrogênio, da água etc. – pode ser complicado se tentarmos visualizar mentalmente, como referência, um sistema em escala planetária.

Consideremos então, uma situação hipotética simples: uma nave que poderá levar o ser humanos a outros planetas. Um planeta potencialmente habitável, GJ 357D, localizado fora do nosso sistema planetário, a 31 anos-luz de distância[2]. Isso significa que se viajássemos à mesma velocidade que a luz – o que é impossível, segundo a tecnologia e conhecimento atuais –, levaríamos 31 anos para chegar lá. No trajeto, deveríamos ter um sistema de reutilização dos gases necessários à respiração, assim como da água e de nutrientes, pois estocar a quantidade de alimento para uma viagem desse porte seria inviável devido ao peso e espaço que ocuparia.

Assim, essa nave interplanetária deveria ter um sistema autossuficiente de manutenção da vida dos tripulantes. O mesmo ocorre no planeta Terra, porém, numa escala muito maior.

Na natureza, o gás carbônico que exalamos é absorvido por seres fotossintetizantes e transformado em glicose, que é consumida pelos herbívoros, dando início à cadeia alimentar. Ao realizar fotossíntese, os vegetais e algas liberam oxigênio, que os seres cuja respiração é aeróbia utilizam.

Através da decomposição dos seres vivos e da excreção – fezes e urina –, tem-se o início dos ciclos do carbono, nitrogênio, e fósforo, por exemplo. Esses elementos passaram por processos químicos que os permitirão entrar na cadeia alimentar na forma de proteínas, produzidas pelas plantas. Desta forma, quando uma vaca come sua quantidade diária de capim, está incorporando proteínas produzidas pelas plantas. Quando nós, humanos, ou qualquer outro animal carnívoro comemos um belo bife, estamos dando continuidade a esse ciclo, que finaliza ao excretarmos urina e fezes[3].

No entanto, a partir do momento em que o *Homo sapiens* desenvolveu a habilidade e produzir fogo e atrelar significado às coisas, esse equilíbrio natural estabelecido pelos ciclos biogeoquímicos e as relações ecológicas ficou comprometido. O homem, com o passar dos anos, desenvolveu métodos e instrumentos de caça mais eficientes; passou a caçar, não pela sobrevivência, mas pelo prazer, o que levou a extinção de algumas espécies, de forma direta ou indireta; desenvolveu tecnologias baseadas na queima de combustíveis poluentes. Diariamente, segundo estimativas, atividades antrópicas liberam na atmosfera, cerca de 10GT (gigatoneladas), o equivalente a 1.000.000.000.000 (trilhão) de quilogramas de gases[4], aumentando o efeito estufa e desenvolvendo doenças respiratórias, que o próprio homem tenta combater. É como se produzíssemos nosso próprio veneno

O aquecimento global é um tema recorrente em debates internacionais, mas ainda controverso, como observaremos em breve, tendo as ações antrópicas como principais causas desse aumento, segundo uma parcela da comunidade científica. No entanto, outros fatores podem influenciar a aquecimento global, como a atividade solar e variações na órbita da Terra[5]. Ademais, não temos ainda um veredicto sobre o culpado pelo possível aumento da temperatura média da Terra. Portanto, para que cheguemos a uma afirmação conclusiva acerca do culpado pelo aquecimento do planeta e as consequências oriundas dela, é necessária muita observação e estudo dos fatores que podem causar mudanças no clima terrestre.

O Homem produziu armas químicas e equipamentos que, no seu uso inadequado, possuem o potencial de tornar grandes áreas em regiões inabitáveis, como ocorreu com o acidente na usina nuclear em Chernobil, na antiga União Soviética, a maior catástrofe nuclear que o mundo já sofreu, e no ataque com bombas nucleares, nas cidades de Hiroshima e Nagasaki.

Apesar de todos os avanços tecnológicos, acompanhados de consequências nocivas, muitas vezes irreparáveis, ao meio ambiente, o homem tem se mostrado uma espécie bem sucedida. Usufrui de todos os recursos disponíveis no ambiente, em prol de sua sobrevivência; melhorou sua prática agrícola, medicina, comunicação; espalhou indivíduos por, praticamente todo o planeta, povoando todos os continentes, adquirindo conhecimento o suficiente para visitar outros corpos celestes. Possivelmente, até colonizar outro planeta, quem sabe.

Será que todas essas mudanças causadas, direta ou indiretamente, pelo homem, são, de fato, mudanças que farão da nossa espécie a mais bem adaptada ou estamos simplesmente lutando para sobreviver em um ambiente hostil? Parte da hostilidade do planeta Terra para com os seres humanos é culpa do próprio homem, segundo alguns cientistas. Então, partindo do pressuposto de que as mudanças climáticas observadas atualmente são causadas por processos desenvolvidos pelo homem, como a queima de combustíveis fósseis e emissão de gases do efeito estufa, como o dióxido de carbono, metano e os CFCs, podemos dizer que o homem faz com que o ambiente que naturalmente é adequado para sua sobrevivência, adquira características que fogem do padrão de normalidade.

Esse é o preço que pagamos pela forma como estamos evoluindo.

Qual o próximo passo da evolução humana?

É simples, e até divertido, imaginar como algumas espécies serão daqui a alguns milhares ou milhões de anos. No entanto, prever exatamente quais as próximas mudanças esperadas, em longo prazo, para uma espécie é uma tarefa difícil. Talvez até impossível. Mas, como já foi discutido, esse é um tema muito presente na ficção. Pessoas com órgãos robóticos (há apenas cem anos isso era impensável); aprimoramento genético; clonagem. Muito do que num passado recente era tratado com algo impossível, temos hoje como algo palpável. A tecnologia vem transformando ficção em realidade.

Alguns autores de ficção, por vezes, tentam nos dar um vislumbre das possibilidades para os avanços tecnológicos e para a evolução das espécies, sobretudo a humana. São inúmeros os filmes e livros que penetram no complexo mundo da evolução das espécies e da manipulação genética. Seres humanos cuja consciência de memória é transferida para um robô, como em "Chappie" (2015) ou para um computador, como ocorre no filme "Transcendence – A revolução" (2014), onde a consciência de um cientista prestes a morrer é transferida para um supercomputador que passa a desenvolver tecnologias muito avançadas e evoluir de forma assustadoramente rápida. Destaca-se, neste filme, o avanço das tecnologias computacionais envolvendo inteligência artificial como uma ferramenta de adaptação futurística.

Esse futuro, no entanto, está distante. Quando se trata de Inteligência Artificial ou IA, é comum as pessoas associarem à visão de um computador com a capacidade de pensar como o homem, mas na realidade IA, atualmente, refere-se à capacidade de as máquinas executarem tarefas que vão desde a classificação de imagens até o reconhecimento facial. Robôs que agem e até raciocinam de forma semelhante aos humanos, até o momento, estão limitados aos filmes de ficção.

Antes de haver máquinas "pensantes", havia jogos que instigavam o pensamento, a estratégia. Um dos mais antigos e tradicionais jogos de tabuleiro, o xadrez, até meados de 1990 era dominado pelo homem, foi então que desenvolveram um computador capaz de derrotar um campeão mundial. O Deep Blue, da IBM, venceu o russo Gary Kasparov em 1997 e vinte anos depois o ser humano passa a não ter mais chance de vitória.[1]

Atualmente, existem formas de fazer com que o computador consiga aprender de forma semelhante aos humanos, utilizando um sistema chamado Deep Learning, ou no português, Aprendizado Profundo. Essa subcategoria do aprendizado de máquina, diferentemente de outras máquinas que são ensinadas a executar determinadas tarefas, consegue "aprender" a partir de suas "experiências"[2]. O aprendizado de máquina possui diversas utilidades práticas e tem um elevado potencial para alterar dramaticamente a forma como o ser humano utiliza a tecnologia.

Em 2016, um campeão mundial do jogo de tabuleiro GO, jogou contra um computador que utilizava um programa chamado AlphaGo, que funcionava com um método de aprendizado que consistia em observar as jogadas do adversário. O programa ganhou do homem de 4x1. Em 2017, a versão seguinte, Alpha GoZero, foi programado com as regras de Go e, jogando contra si mesmo, selecionou as jogadas que funcionavam e eliminava as que davam errado. Ao colocar o programa mais atual, Alpha Go Zero contra AlphaGo, O programa mais atual venceu de 100 x 0[3].

Apesar de se tratar apenas de um jogo, mesmo que com um número de jogadas possíveis tão grande como Go, esse tipo de tecnologia é bastante promissora no campo da Inteligência Artificial. Tanto para sites de comunicação, como Facebook, fazendo reconhecimento facial nas fotos; empresas de marketing, na análise de dados estatísticos das possibilidades de clientela, na classificação de doenças e até ajuda a reduzir erros de diagnósticos de câncer[4]. Não se pode negar que essa é uma ferramenta revolucionária, na era da informação. Uma ferramenta que pode ajudar nossa espécie a superar os desafios impostos pela natureza e pelas relações que o homem vem criando com membros da própria espécie e com o meio ambiente. De certa forma, alguns desses desafios são autoimpostos.

Dan Brown, autor de grandes obras como "O código Da Vinci" e "Anjos e demônios", publicou um livro de título "Origem" (2017). Nele, são abordados conceitos e teorias relacionados à origem da vida e evolução. O autor também retrata de forma esplêndida, os avanços tecnológicos numa trama que envolve os conceitos mais recentes em comunicação e inteligência artificial, bem como as mais belas obras de arte contemporânea, e por fim, Dan Brown sugere uma hipótese, fictícia, do que poderia ser o próximo estágio da evolução da espécie humana.

Se você, prezado leitor, ainda não teve o prazer de ler "Origem" e não gosta de "spoilers", sugiro que faça uma pequena pausa nesta leitura, leia o livro citado e volte para cá. Mas se você não se importar em saber o final daquele livro... Continuemos.

Na ficção de Brown, um avançado programa de computador, através de simulações, prevê como seria a espécie humana num futuro próximo. Segundo a previsão do programa, a tecnologia, sobretudo a IA, alcança um avanço tão grande que inicia um processo de especiação, o surgimento de um novo reino taxonômico denominado Technium, uma junção entre máquina – na forma de ser inteligente – e homem[5]. Em biologia, esse conceito seria como a endossimbiose, onde um organismo vive dentro de outro sem prejudica-lo.

Outra possibilidade evolutiva para o gênero humano propõe que o desenvolvimento de inteligências artificiais muito superiores ao homem podem vir a usurpar a nossa posição de criatura terrestre superior, dotada de sabedoria e consciência; obra divina. Segundo esta teoria, as tecnologias de informações estão avançando a galope; sua capacidade de processar dados em breve será assustadoramente superior ao homem, podendo usurpar até mesmo capacidades que até o momento, 2019, são quase que exclusivamente humanas, como a composição de músicas.

Como já vimos, alguns jogos de tabuleiro, como o Go, cujo grau de complexidade é mais alto até que o Xadrez, já é dominado por programas de computador por algoritmos. Visto que a reduzida capacidade de receber e processar dados do cérebro humano não conseguiria acompanhar o avanço da inteligência artificial, em determinado momento, as máquinas, dotadas de sistemas de autoaprendizado, não mais necessitariam da coordenação de seres orgânicos, cujas habilidades e inteligência, bem como a capacidade de processar dados já teria sido ultrapassada[6].

Esse seria um cenário muito próximo de "Eu, robô" ou "O exterminador do futuro". Embora possa parecer demasiado extremo, evidências e argumentos plausíveis podem ser encontrados na palma da sua mão, no seu celular, ao acessar as redes sociais, visitar sites de vendas, nos freios do seu carro ou em sistemas estacionamento automático presente em alguns carros de luxo.

Se ainda não está convencido de que uma máquina pode substituir um ser humano, ao menos em algumas tarefas, tome como exemplo a mecanização agrícola. Uma colheitadeira, guiada por uma única pessoa pode fazer o trabalho que várias delas fariam, em menor tempo. Talvez uma das próximas profissões que iniciará seu processo de extinção, nas três primeiras décadas do século XXI, seja de motorista. Já existe, em 2019 uma previsão de uma frota de 1 milhão de táxis autônomos para 2020[7]. Carros que não dependem de um motorista para guiá-lo pelas estradas; apenas algoritmos.

Desenvolver uma ideia de como poderá ser o *Homo sapiens* daqui a algumas centenas, milhares ou milhões de anos é um exercício mental demasiado complexo, pois, como vimos, as variáveis que compõe a evolução são muitas. Podemos, contudo, especular, considerando fatores ambientais e a capacidade de adaptação do ser humano moderno.

Um fato é que o homem desenvolveu técnicas e equipamentos que o possibilitasse viver em ambientes hostis, como na imensidão gelada da Antártica, nos desertos escaldantes do continente africano e até mesmo fora da Terra, que embora não mantenha estadia permanente fora dela, já se mostrou potencialmente capaz, enviando ônibus espaciais e estabelecendo uma estação espacial internacional, tripulada por 3 pessoas, pelo menos, constantemente, na órbita de Terra[8].

Talvez, o futuro do *Homo sapiens* não esteja neste planeta. Talvez nossa espécie, assim como muitas outras, sejam ameaçadas pelas mudanças climáticas e o aquecimento global.

Debates à parte, é importante observar que o meio ambiente influencia e seleciona aqueles seres adaptados. Desta forma, de origem natural ou antrópica, as mudanças climáticas serão um ponto chave no futuro evolutivo da nossa espécie. Seja o aumento ou redução da temperatura global; a quantidade de oxigênio e nitrogênio disponível na atmosfera ou a disponibilidade de água e recursos energéticos, o ser humano tem um potencial intelectual elevado, capaz de resolver grande parte dos desafios do presente e do futuro, no que tange a sobrevivência da espécie.

Assim, caso a Terra, num futuro próximo, não seja mais um ambiente propício à manutenção da vida humana por meios naturais, caberá ao homem desenvolver tecnologias que promovam sua permanência no planeta, ou em um caso mais crítico, colonizar outros planetas e/ou satélites. Para isso, empresas como as notórias SpaceX e a Tesla desenvolvem foguetes e tecnologias para viagens espaciais e orbitais e carros elétricos[9]. Essas tecnologias seriam necessárias para uma suposta colonização dum outro lugar do nosso sistema planetário, ou quem sabe da galáxia.

Será baseado na premissa de que o planeta Terra, num futuro não tão distante se torne inabitável, que tecerei algumas especulações sobre o futuro da nossa espécie. Devemos, porém, nos fazer uma pergunta. O que poderia tornar a Terra um planeta humanamente inabitável? Muitas produções cinematográficas aludem a duas principais vertentes: catástrofe nuclear e mudanças climáticas. Mas não são apenas ficções fantásticas. São possibilidades reais.

No século XX, o mundo conheceu o poder arrasador da fissão nuclear. Em 1945, a devastação causada pelo poder da fissão nuclear foi demonstrada pelo lançamento das bombas atômicas de Hiroshima e Nagasaki, no Japão, durante a 2ª Guerra Mundial[10] e, em 1986, a Europa poderia ter sido devastada pelo "acidente" na usina nuclear de Chernobyl[11].

Quanto à possibilidade de mudanças climáticas, para uns é uma ameaça constante, para outros, um ciclo climático natural, que, teoricamente, poderia ser mitigado por políticas que envolvam o conceito de sustentabilidade e redução da emissão de gases do efeito estufa. Observo, no entanto, pesarosamente, que o atual modelo socioeconômico adotado pela maior parcela dos países não está adaptado a seguir tais políticas ambientalmente corretas. Desta forma, tanto a ameaça nuclear como a climática são fins dos quais a Terra poderá sofrer. A primeira, caráter abrupto, a segunda se apresenta de forma gradual. Ambas com potencial aniquilador da espécie humana.

Não importando, contudo, o motivo pelo qual o homem sairia de seu planeta natal, nos deteremos em analisar a possibilidade de colonização de outro.

Há quem se mostre cético quanto à exploração espacial e colonização de habitats extraterrestres, mas há quem acredite e invista nessa ideia, a exemplo da empresa SpaceX, cujo capital é privado. Há também quem acredite, não baseado em promessas e projetos de empresários futuristas, mas por sua convicção religiosa.

Em 1971, um dos maiores médiuns que o mundo já conheceu na era moderna, Francisco Cândido Xavier, deu uma entrevista no programa de televisão, da extinta TV Tupi Canal 4 de São Paulo, e um dos questionamentos abordados foi acerca da possibilidade do contato entre humanos e seres extraterrestres, segundo os espíritos e o médium entrevistado. O trecho a seguir é apenas uma parte da resposta formulada por Chico Xavier, como ficou conhecido o médium, mas que denota a possibilidade de desenvolvimento tecnológico e exploração espacial a partir de uma doutrina religiosa – por muito tempo o desenvolvimento tecnológico era desvinculado da religião, muitas vezes o exato oposto.

"Se não entrarmos numa guerra de extermínio, nos próximos 50 anos, então, nós podemos esperar realizações extraordinárias da ciência humana, partindo da Lua".

Após citar uma analogia mencionada, segundo Chico Xavier, pelo espírito Emanoel, seu mentor espiritual, ele continua.

"na Lua, é possível que o homem construa na Lua as cidades de vidro, as cidades-estufas, onde cientistas possam estabelecer pontos de apoio para observação da nossa galáxia"[12].

Tendo acertado suas previsões ou não, a humanidade está cada vez mais perto de alcançar o sonho – ou a necessidade – de colonizar outro corpo celeste. Desenvolvendo e aprimorando meios de transporte mais rápidos e mais eficientes, para viagens espaciais; desenvolvendo tecnologias de suporte à vida em ambientes com escassez de oxigênio; materiais com maior capacidade de reter o calor, para que o homem possa suportar temperaturas muito inferiores a 0°C; aprimoramento genético para plantas, visando adaptação aos ambientes colonizados e até mesmo o aprimoramento genético do próprio *Homo sapiens*.

Não se pode ser tão otimista em achar que toda a população da Terra teria a chance de se evadir do planeta e partir em busca de novos ambientes extraterrestres. Essa missão seria dada a pessoas cujo poder aquisitivo está extraordinariamente acima daquilo que mais de 95% da população mundial poderia pagar. 7 milhões de pessoas possuem mais de 80% da riqueza – financeira – de todo o planeta[13]. Estes seriam os "escolhidos" para colonizar a Lua ou qualquer outro ambiente fora da Terra, juntamente com uma equipe muito seleta de médicos de diversas especialidades; engenheiros; biólogos; astrofísicos e muitos outros profissionais.

Colonizar um satélite natural ou outro planeta não é mesmo que tirar férias de verão. É necessária uma equipe muito bem preparada para os desafios de viver fora do seu planeta de origem. Devido à semelhança com a Terra, Marte tem sido o planeta mais cotado para ser colonizado, mas apesar das semelhanças, as diferenças podem ser cruciais.

Em viagens espaciais de longa duração, ou mesmo em viagens de alguns meses fora da influência da gravidade terrestre, os astronautas sofrem mudanças que se mostram nocivas à saúde do indivíduo. Após um período de seis meses em microgravidade, como na ISS, é observado a redução da densidade óssea, deixando os ossos, sobretudo dos membros inferiores e do torso, mais suscetíveis a fraturas; atrofia dos músculos, visto que são os menos utilizados em ambientes de gravidade zero, provoca alterações do sistema cardiovascular e, consequentemente, no sistema nervoso, pois receberá menos sangue oxigenado[14].

Esses efeitos foram observados em ambiente com gravidade baixíssima e para a preocupação dos aspirantes a colonizadores do "planeta vermelho", sua gravidade é de 3,7 m/s², ou seja, menos que a metade da gravidade da Terra. Assim, que efeitos podemos esperar que os desbravadores espaciais sofram? Os mesmos que os astronautas que orbitam a Terra atualmente, porém, de forma atenuada? Eu apostaria nessa possibilidade.

A temperatura de Marte também é um fator determinante. Há uma média de temperatura -65°C. Por isso não há água no estado líquido disponível em sua superfície. Suportar um frio tão intenso quanto os -143°C que o planeta vermelho pode atingir em seus polos[15], é uma tarefa que o homem consegue realizar através de anos de pesquisas e desenvolvimento de roupas apropriadas. Assim, diretamente, a temperatura não seria um desafio impossível. Inconveniente, mas não impossível.

O seu humano, contudo não seria o único a sofrer com as baixas temperaturas de Marte. As plantas dificilmente suportariam as temperaturas de latitudes altas, distantes do equador, onde pode chegar a -142°C ; na linha equatorial, contudo, a temperatura pode chegar a 20°C[16]. Desta forma, outros grandes desafios estariam submetendo o homem a mais possibilidades de desenvolver tecnologias de sobrevivência extraterrestre, desencadeando assim, uma nova etapa da especiação humana. A respiração e alimentação dos futuros colonizadores.

A atmosfera de Marte é rica em dióxido de carbono (CO_2), cerca de 95%, necessária para os seres fotossintetizantes, como as plantas, mas um veneno para o homem; 3% de nitrogênio (N_2), essencial para a síntese de aminoácido e proteínas pelos vegetais; 1,5% de argônio

(Ar), utilizado para fabricação de lâmpadas e não é tóxico[17]; o oxigênio (O2) tão precioso pra o homem divide 0,5% da atmosfera marciana com outros elementos menos abundantes, mas pode ser encontrado no solo, na forma de óxidos de ferro[18].

A composição do solo de Marte possui alcalinidade moderada (pH 7,7), assim como a salinidade, com a presença de cloretos, bicarbonatos, magnésio, sódio, potássio e cálcio[19]. Mas contém percloratos, indicando assim, vaga chance de que haja vida no solo marciano, ou seja, a agricultura em Marte é quase impraticável[20]. A menos que se estabeleçam áreas de cultivo delimitadas por barreiras físicas, controle das quantidades de macro e micronutrientes, bem como da água e temperatura do ambiente de cultivo – considerando um cenário muito singelo, sem aprofundar os detalhes mais técnicos -, produzir qualquer planta sobre a superfície nua de Marte não é uma opção possível até então.

Como se pode ver, viver em um planeta com condições diferentes da Terra é um desafio assaz difícil. Inúmeros são os fatores que contribuem para a extinção da nossa espécie, mas se considerarmos o histórico de desafios que foram considerados impossíveis e já foram superados, graças ao seu desenvolvimento cerebral considerável e, consequentemente, sua inteligência, talvez pudéssemos considerar o desafio de colonizar outro planeta, apenas mais um.

Apesar das dificuldades enfrentadas, seja de cunho ideológico, técnico, biológico, filosófico ou religioso, o *Homo sapiens*, mesmo aos trancos e barrancos, as tem superado, superando, também, seus próprios "limites", sobrevivendo às intempéries e vencendo as mazelas burocráticas que o impediam de avançar rumo a novas terras. Assim como na época das grandes navegações, em que o desconhecido era temido e evitado, hoje, o homem tenta ir além. Além dos mares e oceanos, além da atmosfera terrestre, além da Lua, quem sabe um dia, além da Via Láctea.

Foto de Marte. Fonte:
https://www.nasa.gov/mission_pages/mars/images/index.html.

As missões em Marte não cessam e cada vez que se realiza uma busca mais aprofundada no planeta vermelho, novidades aparecem. Já se sabe que Marte possui, no solo e na atmosfera, compostos orgânicos. Moléculas baseadas em carbono e hidrogênio foram detectadas, como metano, butano, propano e benzeno[21]. Apesar de não ser uma prova cabal da existência de formas de vida microbianas, é o suficiente para acender a chama da esperança de se encontrar vida fora da Terra.

Viajantes espaciais sofrem com a privação da gravidade; confinamento com um número reduzido de pessoas, em um espaço fechado de tamanho limitado, por longos períodos de tempo, o que pode causar problemas psicológicos entre os tripulantes das estações espaciais, e quem sabe, das primeiras instalações, como ocorre entre aqueles que experimentam períodos de tempo, mesmo que relativamente curto – alguns meses – quando se iniciar o processo de colonização de outros corpos celestes. Entre os principais problemas psicológicos, os astronautas e colonizadores interplanetários deverão estar preparados para experimentar grande estresse, e até depressão[22].

Entre tantos possíveis efeitos sobre o organismo humano, uma consequência de viagens espaciais sofrida pelos astronautas merece atenção e cuidado: o aumento das chances de se desenvolver câncer e problemas do sistema nervoso devido à radiação à qual os tripulantes de naves espaciais estão expostos[23].

Os problemas das viagens para além da Terra parecem manter uma perseguição constante e implacável contra os humanos, e até mesmo outras formas de vida encontradas na Terra. Nosso planeta possui diferentes formas de defender seus habitantes. Escudos naturais invisíveis que nos protegem noite e dia dos incessantes perigos externos à nossa atmosfera.

Embora um amplo espectro da radiação emitida pelo Sol ou outras fontes não possa ser detectado pelos sentidos humanos, como no caso da radiação infravermelha que sentimos na forma de calor ou as ondas eletromagnéticas que detectamos na forma de cores, fazem parte indiscutível das mais diversas interações químicas.

Na troposfera, a primeira camada da atmosfera terrestre a partir do solo, recebemos, diariamente, radiação solar, seja na forma de luz visível – as cores – ou luz que não detectamos através da visão, luz infravermelho ou ultravioleta. Esta última é de especial importância porque é, ao mesmo tempo, danosa e benéfica para o homem. A radiação UVB pode causar câncer e envelhecimento precoce, mas a camada de ozônio (O3), na estratosfera – segunda camada da atmosfera – absorve uma fração dessa radiação[24], permitindo que apenas uma parte chegue até a superfície terrestre, atenuando assim, seus efeitos ao homem. Pelo fato de o planeta Marte não possuir essa camada protetora natural, a superfície do planeta estaria totalmente exposta à radiação ultravioleta, desta forma, os habitantes daquele planeta estariam mais sujeitos a desenvolver câncer.

Além da radiação ultravioleta, a radiação cósmica também contribui para o acréscimo nas chances de se desenvolver câncer. Descoberta em 1912, a radiação cósmica tem possível origem de supernovas, suas partículas extremamente energéticas, significando que possuem grande capacidade de arrancar elétrons de átomos, podendo assim, provocar modificações na composição do DNA[25].

A radiação cósmica e radiação ultravioleta configuram apenas dois dentre os vários perigos aos quais os viajantes espaciais e futuros colonizadores marcianos estão expostos. Como o *Homo sapiens* poderia superar esses desafios? A resposta poderia estar no aprimoramento das técnicas de edição do material genético, bem como nas tecnologias de adaptação a ambientes hostis que o homem vem desenvolvendo durante toda sua trajetória da caminhada evolutiva.

Quando conseguirmos desenvolver uma técnica de edição de DNA com altíssimo grau de eficiência, poderemos extrair genes defeituosos, excluir fenótipos desvantajosos, alterar características dos indivíduos para que estejam adaptados a ambientes muito específicos e eliminar doenças genéticas.

Tantos avanços poderão propiciar uma adaptabilidade bastante conveniente ao homem, bem como melhorar a qualidade de vida dos usuários de tais avanços. Utilizo a expressão "usuários de tais avanços" pelo fato de acreditar que, mesmo sendo especulação sobre o futuro da humanidade, a história mostra que os avanços tecnológicos não chegam para todos, ao mesmo tempo e de forma igualitária.

Da mesma forma que a telefonia, o acesso à internet, e até mesmo a condições básicas de subsistência, como saneamento, comida e água, não são disponíveis em quantidade e qualidade para todos, igualmente, assim também o será com os avanços em biotecnologia, sobretudo engenharia genética. Talvez a sociedade humana, com sua diversidade ideológica, política e de crença religiosa não esteja, no momento, preparada para avançar muito mais, pois as barreiras religiosas e éticas – ou zona de segurança – ainda não permitem que certos procedimentos e técnicas sejam utilizados.

De fato, é mais prudente avançar a passos lentos, visto que o histórico de catástrofes causadas em virtude da ganância e arrogância humana é vasta. Assim, o que chamo de "barreira" pode também ser chamado de "limitador" da soberba do indivíduo humano. Como seria o homem, então, se ele passasse a habitar um planeta como Marte? Quais podem ser as características anatômicas e fisiológicas dos indivíduos, originalmente *sapiens*, depois de habitar aquele planeta por milhares de anos?

Devido a sua grande capacidade inventiva, bem como seus avanços na biotecnologia, existe uma variedade de alterações adaptativas que possibilitarão ao homem sobreviver em ambientes como na Lua ou Marte – ou na

Terra, caso o homem desista ou adie a colonização de outros planetas.

O homem poderia, por exemplo, alterar, geneticamente, indivíduos para que tenham a capacidade de absorver e fixar cálcio nos ossos, mesmo em condições de baixa gravidade. Assim, ao viajar por longos períodos no espaço ou estabelecer moradia ou uma base de apoio em um satélite ou planeta com gravidade menor que a da Terra, os danos físicos seriam mitigados. Teríamos então, uma geração de *Homo sapiens* com ossos mais densos que o normal, quando estes estivessem em nossa gravidade, e com densidade normal, enquanto estivessem no espaço ou num planeta com gravidade menor que a nossa como Marte.

A capacidade natural de suportar baixas temperaturas é característica de animais com espessa camada adiposa

Alguns animais vertebrados são dotados de uma espessa camada adiposa sob a pele, que funciona como um isolante térmico, impedido que o corpo do indivíduo troque calor com o ambiente. Outros seres, a exemplo os ursos polares, possuem pele grossa, sob a qual existe uma camada de gordura; e uma camada de pelos – lobos e bois-almiscarados também possuem camada densa de pelo e lã – assim, o animal consegue suportar baixíssimas temperaturas sem sofrer hipotermia[26].

Apesar de o *Homo sapiens* ser um mamífero, assim como ursos e baleias, não possui as adaptações que esses adquiriram para suportar baixas temperaturas. Em tese, pessoas com maior quantidade de tecido adiposo, gordura corporal, seriam menos suscetíveis à troca de calor com ambientes mais frios. Mas acerca da pelagem corporal, o homem não tem eficiência em seu isolamento térmico. À medida que a espécie humana foi evoluindo, seus pelos reduziram em quantidade. Assim, a forma mais rápida e eficiente de suportar ambientes tão frios quanto as regiões polares da Terra é por meio de vestimentas desenvolvidas para esse propósito.

No quesito "temperatura ambiente", o homem já desenvolveu tecnologias fantásticas. O traje espacial utilizado pelos astronautas possui tecnologia de ponta, que suporta as baixas e altas temperaturas do espaço, bem como bloqueiam parte da radiação solar27. A agricultura deveria ser realizada em estufas, onde as plantas receberiam o nitrogênio necessário por meio de adubação – uma forma conveniente e prática –, pois ainda não sendo detectada vida microbiana no solo marciano, devemos descartar a possibilidade de fixação biológica do nitrogênio.

O avanço tecnológico envolvido em um projeto de viagem e/ou colonização de outro planeta, no entanto, abre portas para outras novas tecnologias e novos conhecimentos que outrora seria ridicularizados.

O homem, em certo momento, não acreditava que houvesse terras além do horizonte que se estendia pelo oceano. Hoje vivemos num mundo "sem fronteiras", globalizado; não acreditava que a nossa espécie seria capaz de viajar mais de 300.000 quilômetros em direção ao espaço e pisar em solo lunar. Hoje homens vivem meses orbitando a Terra; alguns não acreditam que podemos colonizar Marte, no entanto, o turismo espacial só cresce a cada ano e a possibilidade de se fazer o que até então, para alguns, é impossível ou improvável, está cada vez mais próximo de se concretizar.

Para tanto, empresas privadas, cada vez mais, investem em tecnologias do setor espacial. Um dos magnatas da viagem espacial, Elon Musk, tem barateado o lançamento de foguetes[28]. Em breve, milionários deixarão de ir aos paraísos tropicais caribenhos para dar um passeio à Lua. Depois disso, estaremos a um passo de morar em Marte.

O desenvolvimento e aprimoramento de tecnologias espaciais estão além da sobrevivência em um ambiente hostil, pois poderá impactar a economia, a medicina. Especulo que poderá impactar o direito, a educação e até psicologia. Poderá impactar nossa evolução.

Habitar outros ambientes, com fatores abióticos diversos, além de tecnologias adaptativas avançadas, poderá fazer surgir variedades em nossa espécie e, como Darwin já previra no século XIX, se essas variedades persistirem e acumularem mais características vantajosas poderão dar origem a novas espécies. Teríamos, então, mais uma espécie viva no gênero *Homo*? Embora seja uma ideia simplória, não é uma ideia que eu descartaria, assim como não descartamos a ideia de que a Terra não era o centro do universo; de que era possível sair do planeta Terra; de que existe outro planeta habitável e até mesmo de que aquela figura paterna, bondosa e perfeita a qual chamamos de Deus, realmente exista não somente nos grandes livros ou metaforicamente.

Evolução do comportamento e pensamento humano

No início da história humana, enquanto espécie, seu comportamento era muito similar ao dos demais animais, visto que nesse período sua única preocupação era a sobrevivência, guiada pelo instinto natural e animalesco de proteger a si e aos membros mais próximos de sua família parental, de predadores e das intempéries dos ambientes onde se encontravam, além de caçar e coletar. Portanto, discutiremos os aspectos do pensamento e comportamento humanos a partir de períodos em que a espécie *Homo sapiens* já esteja imersa em relações interpessoais complexas, cujo caráter criativo, significativo, questionador e emotivo do indivíduo estão mais arraigados, tornando-o assim, um ser reflexivo e consciente, e sendo capaz de refletir sobre as próprias atitudes e atitudes alheias; está propenso à "automudança", à "autoevolução". Esse é um ponto de vista e uma ideia da qual sou defensor e crítico.

Observando as possíveis relações humanas se pode identificar diversos tipos diferentes, que ocorrem em diferentes espécies na natureza. O homem pode ser um exímio predador, caçando desde animais pequenos até animais gigantescos como as baleias. Em situações de desastres naturais ou incidentes que envolvam um número maior que uma unidade de indivíduos, pode-se observar que indivíduos envolvidos, e até mesmo aqueles que não estavam diretamente envolvidos, frequentemente se compadecem e ajudam uns aos outros, o que poderíamos, embora não tenha caráter permanente, classificar como uma relação mutualística (em algumas espécies, o mutualismo é a linha que separa a sobrevivência da morte, outras são mais flexíveis, visto que estas espécies possuem outras possíveis relações com outras espécies do seu nicho ecológico).

Um amigo ou parente que não procura trabalho ou, mesmo tendo um costume de usufruir do poder aquisitivo, influência afetiva ou profissional, sem dar nada em troca, nem mesmo um sincero agradecimento, poderia facilmente ser classificado como um parasita. Mas este, de ordem social.

O *Homo sapiens* se tornou, à medida que evoluiu, um ser social e viver em grupo tornou-se quase uma necessidade à sua sobrevivência, visto que os grandes avanços nas tecnologias fizeram homens especialistas em áreas bem estabelecidas. Na sociedade humana, assim como em outras sociedades animais, a exemplo das abelhas, cada indivíduo tem uma função determinada pela sua formação educacional; por uma habilidade inata, ou por prática; por conveniência ou por necessidade. Os motivos pelos quais exercem suas funções são os mais variados. Mas quando partimos para áreas mais avançadas do conhecimento como a neurociência, engenharia aeroespacial ou a física atômica, podemos afirmar acertadamente que ele não poderá ser, ao mesmo tempo, Neurocirurgião, Engenheiro Aeronáutico, Físico Nuclear e Campeão Mundial de Formula 1 ao mesmo tempo, pois levaria muito tempo para que conseguisse obter uma formação educacional e/ou habilidades satisfatórias em cada uma dessas áreas. Se houvesse tempo a estudá-las e praticá-las, talvez não tivesse tanta habilidade ou conhecimento em todas elas. A não ser que seja um indivíduo com capacidades mentais sobre-humanas.

Assim, destaco certa importância ao fato de haver especialização de habilidades nas populações humanas. Enquanto Einstein se especializou em explicar a relatividade, Darwin se especializava em uma forma de explicar a origem das espécies. Ambos tiveram sucesso nas respectivas áreas, mas seria possível para qualquer um deles – supondo que tivessem vivido na mesma época – ter sucesso em dois temas tão diversos?

Talvez o ser humano com amplo conhecimento em tantas áreas diversas tenha sido Leonardo Da Vinci. Pintor; escultor; grande estudioso da anatomia humana, além de óptica e desenvolvedor de teoremas iniciais sobre inércia, ação e reação e força. Sem dúvida, um dos maiores gênios que habitaram nosso planeta[1].

Diferentemente da sociedade das abelhas, cada indivíduo humano possui objetivos, formas de pensar diferentes entre si. Cada indivíduo pode interpretar uma mesma situação de formas diferentes, atribuindo a elas suas experiências e valores pessoais. Cada indivíduo humano pode utilizar de métodos e instrumentos diferentes, éticos ou não, para alcançar seus objetivos, seus desejos. É nesse momento que o comportamento e pensamento humano têm fundamental importância.

A forma como uma pessoa alcança seus objetivos pode estar ou não de acordo com os "padrões" aceitos pela sociedade. Mas esses "padrões" variam de acordo com a cultura de uma determinada população. Tomemos como exemplo culturas mulçumanas que aceitam o casamento poligâmico, onde um homem pode ter até quatro esposas, enquanto no Brasil, além dessa prática não ser aceita tanto judicial quanto religiosamente, caso um homem tente ter mais de uma mulher, algumas complicações sociais podem ocorrer, que vão desde uma leve discussão entre marido e mulher até homicídio.

O homem moderno não se preocupa apenas com a sobrevivência e reprodução, embora em alguns casos a reprodução pareça ser prioridade, como há 40 mil anos. A sede de poder tem estado presente na história humana desde períodos imemoriais. No entanto, diferente do que pode ser observado na natureza, em espécies como os lobos ou os leões, que mantêm o domínio sobre um pequeno grupo, o homem adquiriu, por vezes catastrófica, a capacidade de cobiçar o domínio sobre grupos muito maiores, como nações. Homens sedentos por poder já causaram mortes de populações humanas inteiras.

O chefe mongol Temujin, intitulado Genghis Khan, no século XIII, segundo alguns historiadores, chegou a matar com seu exército mais de 40 milhões de pessoas na busca pela conquista de territórios, chegando, segundo um artigo do site Super Interessante, a uma área de quase 20 milhões de km². Considerando que Gengis Khan conquistava os territórios à base de violência e ameaças, ele está entre os homens que conquistaram maior área geográfica da história humana. Ele conquistou uma vasta área equivalente a quase duas vezes a área da Europa, que ia desde a atual China, passando pela Sibéria, até o Afeganistão[2].

Adolf Hitler, de nacionalidade alemã, ascende ao poder de sua nação e comanda o massacre de milhões de pessoas de outras culturas e nacionalidades como judeus, ciganos, eslavos, comunistas entre outros grupos, os quais ele denominava inferiores, entre a década de 1930 e meados de 1945, quando houve o fim da Segunda Guerra Mundial. A área conquistada por Hitler, no entanto, era muito inferior à de Genghis Khan[3].

Esses são exemplos de homens que mataram milhões de pessoas para manter o domínio sobre outras nações ou a conquista de territórios. Mas não são os únicos, não foram os primeiros, e muito provavelmente, para a infelicidade da espécie humana, e até outras espécies, não serão os últimos.

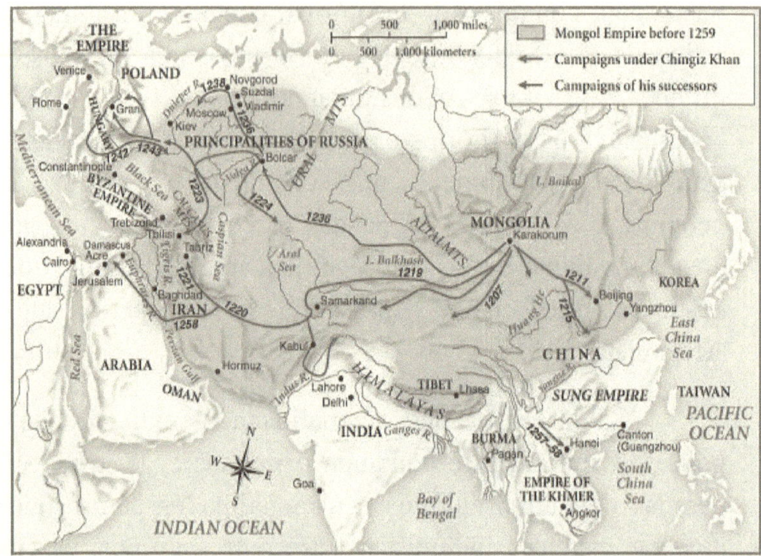

Mapa com a máxima extensão da conquista de Genghis Khan. Fonte: https://historiazine.com/o-mundo-a-partir-de-gengis-khan-

A espécie *Homo sapiens*, considero, evolutivamente, a mais bem-sucedida entre todas as demais. Além de ter sofrido todos os processos necessários para sua adaptação ao ambiente, conseguiu desenvolver uma capacidade cognitiva inimaginável para outra espécie deste planeta. A própria evolução do seu sistema nervoso possibilitou que o ser humano adquirisse a capacidade de desenvolver sua maestria em trabalhos manuais; sua autoconsciência e, acima de tudo, considero a criatividade humana surpreendente. O homem, obviamente ainda está engatinhando no universo do conhecimento, mas tem o potencial de tornar quase tudo o que imagina em realidade.

Dar significados às coisas cotidianas como objetos, situações e rituais fez com que o homem desenvolvesse sentimentos e reações a eles que o faz diferente de outros animais. Reações que, às vezes, fogem dos padrões de sobrevivência esperados pelas mais creditadas teorias.

Em uma conversa informal com uma colega, graduada em Bacharel em Teologia, explica que mesmo entre igrejas cristãs há divergência entre os pontos de vista acerca da imagem da cruz. Segundo Adriana Rocha, fiéis da Igreja Católica costumam ver o crucifixo como uma forma de amuleto; um objeto, de certa forma, sagrado; uma proteção espiritual, enquanto outras igrejas, protestantes, rejeitam essa prática, pois não acreditam ser necessário utilizar qualquer forma de lembrete daquele, que segundo os seguidores do Cristianismo, salvou a humanidade, Jesus Cristo.

Segundo a visão de alguns Cristãos evangélicos, não usam o crucifixo pelo fato de seu salvador, Jesus Cristo, não estar mais na cruz. Para o teólogo Francisco Batista, que não se considera seguir a ideologia tradicional, a Igreja Católica, originalmente, utiliza a imagem da cruz com objetivos didáticos; como uma forma de facilitar a compreensão dos ensinamentos da igreja.

Para os animais ditos irracionais, que não conseguem atribuir simbologia às coisas, trata-se, simplesmente de um pedaço madeira, um galho de uma árvore, com um formato incomum, pois para estes, não é atribuído nenhum tipo de significado àquele "galho com formato incomum".

Contudo, muitas pesquisas são realizadas no intuito de provar se outros animais possuem o que comumente chamamos de autoconsciência. Alguns experimentos relacionados com capacidade de identificar o "eu" foram realizados. Na década de 1970, um teste criado para verificar a capacidade de os animais identificarem seu "Eu", testar sua consciência, ficou conhecido como teste do espelho. Pouquíssimos animais conseguiram passar nesse teste. Entre eles estavam elefantes e golfinhos[4].

Além de autoconsciência, alguns animais demonstram possuir sentimentos que antes acreditava-se fazer parte apenas de humanos. "Não mais nos perguntamos se um cão ou um chimpanzé experimentam alegria, dor, raiva ou ciúmes". Afirma Mark Bekoff, Professor de Ecologia da Universidade do Colorado – EUA.

Associar fenômenos da natureza a divindades, realização de rituais fúnebres, questionamento filosófico e científico sobre a própria origem e origem dos componentes do universo, e até do próprio universo também fazem parte da evolução do pensamento humano. Em muitos casos, representando a quebra de padrões impostos. As maiores mudanças no pensamento e comportamento humanos, contudo, podem ter tido início com a sedentarização da espécie.

Com a formação dos primeiros grupos que cultivavam e criavam, o homem passa a se deparar com situações de convergência de ideias, e isso o leva a refletir, buscar estratégias, formas de contornar os problemas, tanto a respeito da convivência em sociedade como aperfeiçoamento de técnicas de materiais, o que seria o ponto de partida para as primeiras formas de regras e normas de convivência em sociedade.

Um dos primeiros códigos penais instituído foi o Código de Hamurabi, uma série de regras relacionadas à vida e à propriedade instituído há quase 4 mil anos, na Babilônia[5]. Na cultura cristã, uma lista de regras conhecida como Os 10 mandamentos, determina o padrão de comportamento que os seguidores dessa religião devem manter para serem dignos do reino dos céus. De certa forma, os 10 mandamentos tem elementos muito relevantes para o convívio sadio e harmonioso da vida em sociedade.

Com a criação das primeiras formas de religião observa-se que muitos padrões de comportamento diferentes foram estabelecidos. Algumas dessas religiões mantêm uma forte influência cultural e filosófica nas populações humanas. Entre as principais religiões, em se tratando de número de adeptos, atualmente, podemos citar: o cristianismo, o budismo, o islamismo e o induísmo. De fato, existem diversas outras religiões. As citadas, no entanto, são as mais proeminentes.

Questionando a própria origem e tudo o que engloba este tema, o homem passou a adquirir e acumular conhecimento em uma progressão geométrica ascendente. Sobretudo na era moderna. Desde grandes nomes do pensamento humano como os filósofos Demócrito e Platão até Einstein e Stephen Hawking, muita coisa tem mudado acerca da forma de pensar. Muitos mitos e paradigmas foram deixados para trás, tornando-se apenas vestígios da história humana.

Demócrito de Abdera foi um grande filósofo e um dos primeiros a pensar na matéria como algo formado por partículas muito pequenas, indivisíveis. Demócrito chamou essa partícula de átomo. Depois dele, vários cientistas desenvolveram teorias e realizaram experiências a fim de elucidar a composição da matéria, como Dalton, Thompson, Rutherford e Bohr[6]. Atualmente, muita coisa ainda está sendo investigada no que tange os átomos. Agora, porém, em um nível quântico, uma escala métrica tão diminuta quanto a própria "bola de bilhar", de Dalton ou o "pudim de passas", de Thompson – apelidos que seus modelos atômicos receberam.

No ramo da astronomia, em 1543, Nicolau Copérnico defende uma ideia que vai de encontro com uma das instituições mais poderosas de sua época: A Igreja Católica. Ele afirma que a Terra não está no centro do universo, como afirmava a igreja, mas sim, o Sol, dando origem ao modelo Heliocêntrico do nosso Sistema Solar[7].

Por volta de 1660, um cientista inglês, que ainda não havia completado nem 30 anos de idade, desenvolveu uma lei da física que explicaria a queda dos corpos, a Lei da Gravitação Universal. Um avanço enorme para a ciência moderna, além da teoria da decomposição da luz[8]. Isaac Newton foi, talvez, um dos maiores gênios que a espécie humana já conheceu.

Embora a invenção do telescópio ainda seja um tema incerto, todas as descobertas e avanços no campo da astronomia foram possíveis graças a esse instrumento que, com os conhecimentos relativos à luz, descobertos por Newton, e à Teoria da Relatividade de Einstein, no início do século XX, o homem pôde compreender muito melhor a origem do universo; o funcionamento e características de corpos celestes a milhões de anos-luz de distância.

A lista de estudiosos que deram sua contribuição para o conhecimento, não apenas científico, mas também no campo da psicologia, abrindo portas para o desenvolvimento tecnológico, é demasiada extensa; alguns nomes ilustres, outros muito pouco conhecidos, mas todos foram, são e serão de suma importância para a evolução humana.

Como já foi explanada, a evolução dos seres vivos, sobretudo aqueles cuja reprodução é assexuada, é incessante. No entanto, em se tratando do processo capaz de separar os indivíduos adaptados dos demais, a Seleção Natural, parece não surtir o mesmo efeito para com os humanos. Um dos fatores mais marcantes para que o *H. sapiens* consiga não ser julgado pela natureza como um ser não adaptado e, consequentemente, extinto, está relacionado ao seu comportamento. Mas para que entendamos como o próprio comportamento do homem evoluiu, devemos ter pelos menos uma breve noção, biológica e social, de como ocorreu essa evolução.

Embora na maior parte do tempo o comportamento humano vise à sobrevivência e reprodução, como forma de transmitir seus genes e evoluir, alguns comportamentos podem não favorecer tal evolução. Do ponto de vista biológico, concordo com Dawkins quando ele afirma que o altruísmo em forma de assistencialismo governamental impede que a Seleção natural exerça sua função[9].

Numa determinada região de savana vive um número alto de Leões que não conseguem a quantidade mínima de alimento para sobreviver. Mesmo assim, por um fator ainda não conhecido, não param de se reproduzir, o que agrava ainda mais os problemas da alimentação, pois quanto mais indivíduos desta espécie nascem, menor será a parcela de alimento de cada indivíduo. Para que o número de leões a morrer por falta de alimento não seja elevado, instituições governamentais e não governamentais promovem campanhas e ações que objetivam suprir as necessidades nutritivas, ou atenuar o problema da fome.

Agora, substituindo os leões por humanos, temos um exemplo de situações que ocorrem em países subdesenvolvidos, como alguns países do continente africano, e da Ásia. No Brasil também ocorre algo parecido. Na região Nordeste do Brasil, alguns estados têm quase a totalidade de sua área localizada no bioma Caatinga, que possui clima semiárido. Uma grande parcela da população que vive nesta área vem recebendo ajuda governamental, seja em forma de construção de barragens e açudes; facilitação do crédito para empreendimentos rurais; instalação de cisternas, para captação de água das chuvas; ou de recursos pecuniários.

A situação descrita é apenas uma suposição – que de fato ocorre – mas é também uma prova do quanto o ser humano pode ser altruísta. No entanto, ao praticar esse tipo de comportamento, está impedindo que a espécie em questão se adapte, em número de indivíduos, à quantidade de recursos disponíveis. Seria natural que com o aumento do número de indivíduos uma parcela não sobrevivesse, deixando uma fração maior de alimento para os sobreviventes. Mas, infelizmente, não é tão simples como parece. Não é tão simples para o *Homo sapiens* e não é tão simples para o *Panthera leo*. Talvez seja mais vantajoso para nossa espécie promover ações altruístas, ajudando seus semelhantes a sobreviverem às intempéries do que deixar que a Seleção natural aja sobre eles.

O homem consegue refletir sobre as dificuldades de indivíduos que estão totalmente fora do seu círculo familiar, uma característica que os leões, evidentemente, não possuem. Um leão que vive nas savanas africanas não conhece os leões que vivem na Ásia, tampouco se importaria se eles morressem. Talvez fosse até mais conveniente para eles.

Do ponto de vista biológico e evolutivo, tanto na situação brasileira como na africana, poderíamos supor que os indivíduos, ressalto, enquanto animais, não estariam aptos a viver nesses ambientes. Esperar-se-ia, pois, que não estando adaptados, uma parte morreria e a que sobrevivesse, transmitiria seus genes, continuando o processo evolutivo. Seria tido como desumano, pois, pensar que não cabe aos indivíduos detentores de mais recursos prestar auxílio àquelas pessoas necessitadas, pelo fato de estarmos indo contras as "normas" da natureza.

Em 1798, Thomas Malthus, um economista e demógrafo britânico, publicou seu Ensaio sobre a população. No texto, ele afirma que a população cresce em uma progressão geométrica, enquanto a produção de alimentos cresce em uma progressão aritmética. Assim, em determinado período faltaria alimento para parte da população. Segundo Malthus, algumas medidas poderiam ser tomadas para evitar problemas relacionados com a superpopulação, como epidemias e guerras. Algumas dessas medidas seriam evitar o que pode ser chamado de "assistencialismo caritativo" e aplicar programas de controle de natalidade, sobretudo nas camadas menos favorecidas financeiramente da sociedade[10].

A agricultura se desenvolveu muito desde a teoria de Thomas Malthus mas, mesmo com o aumento da produção de alimentos, alguns países perceberam a necessidade de controlar o aumento populacional e aplicaram algumas medidas. A China é o exemplo mais conhecido de controle de natalidade. Implantado em 1978, a política do filho único evitou o nascimento de cerca de 500 milhões de crianças. A população chinesa era, em 2016, 1,379 bilhão. Sem o controle de natalidade estaria, muito possivelmente, perto de 2 bilhões (quase 25% da população mundial). Entretanto essa não é uma estratégia perfeita. Talvez eficiente, mas não perfeita, pois possui contrapartidas. O ponto negativo do controle de natalidade é que, em alguns anos, a população idosa poderá ser maior que a de pessoas em idade produtiva, o que pode acarretar sérios problemas de ordem social e econômica[11].

Dawkins explica que em algumas espécies de aves, os indivíduos, reconhecendo a quantidade de alimentos disponível no ambiente e o tamanho da população em um determinado período, podem controlar a quantidade de ovos que irão gerar a fim de ter somente o número filhos que conseguirá sustentar com o alimento disponível. Caso não haja recursos nutritivos o suficiente, alguns filhotes poderiam morrer. Esse fato mostra o quanto o comportamento humano pode diferir dos outros animais em relação à disponibilidade de alimentos.

O homem, contudo, se tornou uma espécie capaz de agir de forma altruísta, caracterizando um comportamento que foge dos padrões naturais esperados, contrariando a ideia de Richard Dawkins de que todos deveríamos ser geneticamente egoístas, e talvez sejamos. Talvez nosso altruísmo esteja mascarando uma estratégia programada em nosso DNA. Talvez, quando agimos de forma altruísta, pensando de forma coletiva, estejamos, na verdade, fazendo o que fomos programados para fazer, sobreviver.

A Seleção natural pode ter nos tornado uma espécie biologicamente egoísta que, para sobreviver, compreendeu a importância da vida em conjunto, em sociedade. Hoje, mais do que nunca, somos, de certe forma, dependentes uns dos outros, porque não vivemos mais como caçadores-coletores, nem em pequenas tribos. Vivemos em uma sociedade global. Uma sociedade onde cada indivíduo pode ser responsável por uma atividade altamente específica, como vimos em capítulos anteriores.

Segundo uma estimativa da ONU, cerca de 20 milhões de pessoas morreriam de fome em países africanos se nenhuma medida fosse tomada por parte de outras nações. 3,5 % da população mundial[12]. Neste momento entramos numa reflexão que se traduz em um paradoxo: para que a evolução, através da Seleção natural, produza efeitos consistentes em uma espécie, é necessário que os processos naturais realizem seu trabalho, mas, enquanto isso, o indivíduo precisa escapar desses processos para sobreviver, mas não o faz de forma natural e aleatória. Ao salvar aqueles milhões de seres humanos das garras inescrupulosas da fome estaremos propiciando um campo fértil para a evolução da nossa espécie ou estamos apenas mitigando uma situação natural?

Antes de tentar esclarecer esse problema, veremos resumidamente, como o comportamento do *H. sapiens*, do meu ponto de vista, mudou ao longo de sua caminhada evolutiva, para que então o leitor compreenda a ideia exposta, podendo tecer, posteriormente, a própria conclusão.

No âmbito comportamental, pode-se dizer que a espiritualidade tem grande participação como instrumento modelador. Falar em espiritualidade sem falar em religião e sua historicidade, bem como seu papel na evolução do pensamento humano é, como diz a canção da banda Skank "mergulhar no rio e não se molhar". Mas antes que o leitor dê continuidade a esse capítulo, tenha em vista apenas as reflexões que trago acerca do tema. O texto será o mais imparcial possível, visto que nosso objeto de discussão não é a religião em si. Assim, atento ao fato de que utilizarei o termo "religião" me referindo à "instituição" e não a uma ou outra religião específica.

As primeiras formas de religião foram alicerçadas sobre a crendice do poder de seres, poder ou forma de energia superiores, para criar o mundo e os seres que nele habitam. Uma forma de explicar os fenômenos para os quais, até então, não havia explicação fundada em dados comprobatórios e científicos. Os gregos foram quem mais disseminaram história sobre deuses que dominavam o universo, onde cada divindade tinha uma especialidade: Afrodite, a deusa do amor e da beleza; Ares, deus da guerra; Atena, deusa da sabedoria e da guerra justa; Poseidon, deus dos mares, filho de Cronos, deus do tempo. Estes são apenas alguns dos muitos deuses que os gregos veneravam, sendo politeístas[13].

Cada região do globo sofreu influência de mitos e lendas sobre diferentes seres superiores, as divindades, desde os deuses da cultura chinesa, indiana, grega, até os mais atuais, da era cristã. Sendo assim, cada região desenvolveu conjuntos de ideias que visam moldar ou, pelo menos, servir como um "guia de comportamento" e atitudinal para "conquistar" o direito de habitar um reino divino. Obviamente, além do comportamento, outros elementos são necessários, o que varia de religião para religião, como o batismo, na Igreja Católica; no judaísmo; o islamismo. Determina regras básicas entre seus integrantes ou fiéis, padrões comportamentais. Assim, para que se compreenda os contextos aqui abordados, vamos ao seguinte conceito de religião: "um sistema comum de crenças e práticas relativas a seres sobre-humanos dentro de universos históricos e culturais específicos"[14]

Observa-se que entre os indivíduos de uma mesma religião existe um padrão de comportamento que eles seguem, formando uma espécie de unidade. Uma unidade mais ou menos padronizada e homogênea. Mas mesmo havendo a busca pelo lar divino, como ponto em comum entre a maioria das religiões e doutrinas na modernidade, a diferença entre as ideologias e padrões de comportamento entre elas poderia ser retratado como um mosaico, onde cada religião pode ser representada por uma forma e uma cor diferente em um plano geométrico, e é exatamente neste ponto em que ocorre a segregação religiosa. Quando uma religião não aceita a outra como também verdadeira, mesmo que se trate do mesmo ícone divino, aquele que a simboliza. Isso pode acarretar, por vezes, em preconceito e intolerância religiosa.

Em casos mais extremos de intolerância religiosa, pode-se observar grandes conflitos, desde quando o homem passou a cultuar a religião até os dias atuais.

Em uma conversa com um professor do departamento de história da instituição onde fiz meu curso de graduação, portador de um currículo acadêmico invejável, Marcos Vasconcelos, Graduado em História, Letras, pela Universidade de Pernambuco, Especialista em História e em Psicopedagogia Clinico Institucional e Mestre em História pela Universidade Federal Rural de Pernambuco, deu-me um norte, do ponto de vista histórico, sobre como a religião pode influenciar o homem, criando padrões de pensamento e comportamento.. Segundo ele "a religião, além de criar 'padrões', segrega, divide e impõe". Cada religião usa uma doutrina que lhe convém como forma de controle".

Ao indagar sobre a evolução do pensamento do homem na atualidade, no que tange a divergência entre a religiosidade e as ideias mais liberalistas, de pronto ele afirma:

> "Com o acesso à informação e à leitura, poucas pessoas não conseguiram enxergar esse processo, mas é nítido que a influência do pensamento liberal e as diversas leituras, e também a tecnologia da informação trouxeram isso rápido. Isso é libertário. É libertador."

Podemos afirmar, no entanto, apesar das divergências de opiniões entre o tradicional e o moderno, que as religiões cumprem um papel importante na formação e evolução do pensamento e comportamento humano, pois elas ditam entre cada cultura, regras que visam promover uma convivência pacífica entre os integrantes, tornando o comportamento do *Homo sapiens*, com o passar do tempo, menos parecido com o de outros animais, menos instintivo e mais racional. Ou pelo menos, essa deveria ser a finalidade prioritária entre os seres humanos, mas como vemos rotineiramente, entre algumas religiões ocorre certa discriminação disfarçada ou mesmo explícita.

Assim como nossas características fenotípicas, alguns padrões comportamentais podem ser transmitidos ao longo de gerações, como as crenças religiosas e os padrões por elas exigidos. É muito comum e natural, um casal mulçumano, por exemplo, ter filhos e desde o nascimento da ou das crianças, expô-las e submetê-las aos ensinamentos e cultura islâmicos. Da mesma forma, um casal católico, exporia seus filhos à cultura e ensinamento de sua religião de origem. Nesses dois exemplos vemos que os padrões de comportamento que cada religião impõe podem ser transmitidos dos pais, ou outras pessoas, para os mais jovens. Embora não seja genético, os padrões de comportamento estão sendo transmitidos de uma geração à outra.

Do ponto de vista religioso, poderíamos interpretar a "padronização" do comportamento como uma forma de sobreviver em um mundo onde os valores ensinados e incentivados pela religião, são demasiados divergentes, quando o assunto é a Salvação, como algumas religiões expressam. Traduzindo para uma analogia científica, se um grupo de animais não se adapta a um padrão de comportamento (regras e normas) coerente com o ambiente (religião), sua chance de sobrevivência (conseguir um lugar no reino divino) pode ser drasticamente reduzida. Os suricates (*Suricata suricatta*) são um bom exemplo para essa analogia. Eles vivem em grupos de cerca de 40 indivíduos; ficam ativos durante o dia, tomando banho de sol, caçando e ensinando suas crias a caçar também e mantêm um revezamento na vigília contra os predadores. Se eles não mantiverem esse padrão de comportamento social, o risco de serem surpreendidos por um predador ou de que em um determinando momento, por não terem tido lições de caça, comecem a perder a luta pela sobrevivência e transmissão dos seus genes, seria grande.

Não quero dizer, pois, que os fiéis de uma ou outra religião são como animais irracionais, agindo pelo comando de um gene egoísta ou que a religião equivale a uma "Seleção Natural Espiritual". Comparar o comportamento do homem e do suricate não é o objetivo em si, mas sim, a razão de haver um padrão.

Seguindo uma linha temporal evolutiva do comportamento humano, observa-se que ele adquiriu características diferentes em cada época, mantendo-se os padrões comportamentais religiosos, como um padrão generalizadamente "correto", e criando, paralelamente, uma grande diversidade de padrões comportamentais originados de ideologias, movimentos culturais e políticos diferentes. Essa divergência de padrões, apesar de natural e, talvez, até mesmo esperado, provoca, em alguns momentos, conflitos e discórdia entre os indivíduos.

Enquanto as religiões pregam e incentivam comportamentos ditos tradicionais, pela permanência do padrão desde a origem até a atualidade, muitos grupos com ideologias diversas disseminam pensamentos mais liberais, que fogem aos padrões dos grupos religiosos. Esse fenômeno pode ser atribuído à globalização, à velocidade com que as informações são propagadas e ao acesso facilitado a diferentes culturas e ideias.

O contato com diferentes correntes de pensamentos políticos, filosóficos e científicos instiga o questionamento aos padrões estabelecidos pelas religiões, não significando que esse questionamento tenha o propósito de torná-las obsoletas ou retirar delas sua importância na sociedade. Funciona como um catalisador para a criatividade, abrindo um leque de possibilidade de padrões de comportamento e pensamento.

Com o avanço das tecnologias de comunicação e transporte, a globalização proporciona o contato de culturas diferentes, disseminando-as pelo planeta. Assim, a sociedade humana adquire um nível de complexidade altíssimo acerca das relações interpessoais.

Mesmo entidades que, teoricamente, deveriam buscar a paz e a união entre os povos, algumas religiões exibem, sejam em momentos pontuais e sombrios de sua história, seja pela própria doutrina que prega, comportamentos semelhantes aos grandes conquistadores mongóis ou romanos, contudo, utilizando estratégias que ocultam o real objetivo de seus líderes. Não creio necessário citar uma religião ou outra, como exemplo do que foi dito, mas para que consigamos compreender a participação e importância da religião na evolução humana é quase imperativo que se faça.

Do século XI ao XIV foram realizadas expedições militares de cunho religioso, político e econômico: as Cruzadas. Os militares eram formados por pessoas de várias classes sociais, desde nobres a camponeses, pois o crescimento populacional estava deixando as populações sem muitos recursos. Outro fator que incentivou a possível voluntariedade dessas pessoas em lutar numa guerra era o ato de que aquilo era um chamado de seu maior representante religioso, o Papa. Um chamado para retomar a

Representação de um Cruzado.
Fonte:
https://www.google.com/search

Terra Santa. Sendo prometido a todos aqueles que fossem lutar pela causa, o perdão pelos seus pecados e um lugar no lar celestial.

Muçulmanos ocupam Jerusalém e impedem que os cristãos peregrinem para o local sagrado, onde Jesus foi morto, caracterizando uma afronta para a instituição mais poderosa naquele período. Jerusalém era também uma região de movimentação comercial entre os europeus e o oriente, desta forma, era para eles interessante retomar essa rota comercial. Após uma série de conquistas e derrotas, saques feitos pelos cruzados e mortes de ambos os lados, tanto dos cristãos como dos muçulmanos, as cruzadas terminaram[15].

É evidente que há uma grande diferença entre as formas como a Igreja Católica e Genghis Khan fizeram suas conquistas. Existe uma diferença comportamental entre os conquistadores mongóis e os cruzados, e essa diferença, segundo o que acredito, está justamente nos padrões criados e instituídos nas duas culturas, mongol e religiosa – cristã e islâmica. Observa-se que entre os cristãos existe um fator limitante, que separa comportamento mais "humanitário"; contido, do comportamento instintivo, brutal, animalesco.

O padrão comportamental ou as decisões tomadas pela igreja que tiveram o maior potencial de influenciar a evolução do homem pode ter sido o fato de conter, muitas vezes de forma brutal e truculenta, o desenvolvimento científico. Imagina se a igreja não tivesse condenado grandes mentes, como Copérnico, Giordano ou Galileu. Talvez essa atitude tenha atrasado o desenvolvimento tecnológico e a compreensão de fenômenos do universo, em dezenas de anos. O mesmo ocorre atualmente.

A religião tem forte influência sobre processos tecnológicos, sobretudo que envolvem a vida, além de influenciar opiniões acerca do comportamento humano, principalmente quando um comportamento diverge daquele instaurado pela instituição religiosa. Não quero dizer que a religião não deva intervir nas discussões acerca do que é ético ou não, no que tange a vida, mas quando essa influência entra no campo do desenvolvimento científico passa a haver uma grande divergência de ideias, visto que, de certa forma, a ciência e a religião são opostos. Assim, até que ponto a influência e intervenção da religião podem comprometer a evolução do homem enquanto ser biológico? Qual a linha que separa o sacrilégio contra a obra de Deus do desenvolvimento humano seja ele natural ou não?

Discutir acerca a influência religiosa sobre o desenvolvimento tecnológico, ou mesmo qualquer outro aspecto da vida humana, é como andar em um campo minado. Algumas questões são difíceis de serem respondidas de forma concreta e exata, pois a evolução é imprevisível. Podemos desta forma, apenas conjecturar.

Imaginando alguns cenários possíveis, poderíamos dizer que sem amenidade de diferentes populações, incentivada pela religião, ou pelo menos pela maior parte delas, muitas nações poderiam ser devastadas por guerras. Esse clímax da violência e brutalidade humana pode ser iniciado pelas mais diversas causas, como a luta por recursos, dominação de territórios ou pela intolerância religiosa, de gênero ou ideológica, entre outras causas. Por outro lado, a religião, sobretudo o Cristianismo, não tem exercido forte influência somente na busca pela continuidade da paz, como já vimos, mas também no desenvolvimento científico.

Quando as primeiras pesquisas sobre clonagem foram divulgadas, a igreja se mostrou contra essa prática. O argumento dado pela igreja é de que criar clones humanos para extrair as células-tronco e descartar o embrião é uma prática ilícita. Outro argumento é que os seres clonados não teriam dignidade ou "identidade", pois seria a "cópia" de outra pessoa[16]. Ver contrato social de Russeou, Aristóteles, Gramsci

Para algumas pessoas adeptas do espiritismo, clonar um ser humano seria não mais que produzir uma cópia quase perfeita de um corpo material, abrigo, contudo, de um espírito diferente. Uma outra alma. Uma personalidade diferente.

Desenvolver um método de clonagem totalmente seguro ainda é um desafio que o homem tenta vencer, mas quanto à modificação do genoma humano? Haverá barreiras para as possibilidades de edições do nosso DNA ou podemos chegar a um ponto da história em que esse processo será necessário para nossa evolução e sobrevivência, respectivamente? Se algo como no filme: O Titan, mencionado no capítulo sobre a Evolução na ficção ocorrer, qual poderá ser o posicionamento da religião e da comunidade científica acerca da possibilidade que mudar a espécie humana?

Vivemos em um período de grandes avanços na ciência, sobretudo na biotecnologia. Esses avanços podem ser um marco na evolução humana, visto que as possibilidades para edição genética são transformar o homem no autor de suas próprias adaptações, não sendo, então, sujeito à aleatoriedade das mutações e às pressões ambientais[16]. Os únicos "obstáculos" seriam os limites éticos e crenças religiosas. Logicamente, com o termo "obstáculos" não deve ter, necessariamente, um significado literal. Devemos ter em mente que eles não impedem todos os avanços tecnológicos e evolucionários do homem, mas apenas buscam limitar tais avanços para que a condição e dignidade humana não sejam afetadas negativamente.

Os limites éticos são, em suma, como filtros. Retém tudo o que se julga nocivo e divergente do que está arraigado na cultura e permite o que não agride aos princípios da população em questão. Em um contexto generalizado, o principal objeto de proteção entre a humanidade, a vida.

Como foi visto, inúmeras teorias e ideologias tentam explicar os processos pelos quais o homem evolui desde muito tempo. Algumas ideias são baseadas em crenças religiosas, outras em hipóteses com relativo potencial comprobatório e há aquelas que, podem ser construídas sobre o forte alicerce de observações.

A doutrina espírita confirma que a evolução biológica realmente ocorre, porém, cada mudança, por menor e imperceptível que seja, é coordenada por entidades ou espíritos encarregados de guiar a evolução do ser humano de forma que o organismo material seja adequado, enquanto receptáculo para que o espírito possa aprender tanto com as experiências carnais como no plano astral, para que possam elevar-se como espíritos até chegar à perfeição divina[referencia18].

Essa forma de explicar a evolução humana associada à ideia de controle e previsibilidade dos processos e estado biológico proposta pelo espiritismo vai de encontro à aleatoriedade dos processos que favorecem a variabilidade genética e por consequência, a evolução biológica. A doutrina espírita, desta forma, assemelha-se, em determinados pontos, às ideias determinísticas, como por exemplo, o fato de as entidades do "mundo espiritual" terem conhecimento prévio, segundo a crença, de acontecimentos futuros e coordenação limitada de acontecimentos do presente, para que se consiga cumprir seus objetivos – evolução do espírito – enquanto o espírito está encarnado. (adicionar exemplo?)

Diferencia-se do determinismo pelo fato de se acreditar que haja o livre-arbítrio.

Cada espírito, para adquirir o nível de evolução esperado, precisa, reencarnar sucessivas vezes, adquirindo conhecimento e compreensão através das experiências vividas.

É importante ressaltar que o ser humano ainda está engatinhando no universo do conhecimento. É, talvez, desnecessário dizer que nenhum conhecimento prático, seja ele baseado numa crença religiosa ou científica, deve ser descartado, visto que muito do que se tratava como uma absurda impossibilidade há 500 anos, hoje é tratado como banal. Há 600 anos nem se sabia que ao cruzar um oceano, seria encontrado um novo continente, a América, hoje sabemos o quão somos pequenos, no vasto oceano do universo.

Descartar a ideia de um ser ou uma força que deu origem ao Universo e tudo o que há nele seria como pedir para Galileu que não acreditasse que a Terra gira em Torno do Sol ou pedir para que Darwin não acredite na evolução. A crença dessas pessoas mudou o curso da humanidade, sua fé os fez compreender o impossível, enxergar a vastidão do espaço. Retirar a crença de um cientista ou estudioso e de um religioso seria como navegar em um oceano agitado, em meio a uma tempestade sem uma bússola, sem um astrolábio náutico. Sem uma direção. As repercussões poderiam ser catastróficas.

Fisiologia da evolução do pensamento

Seria um pensamento inocente, achar que as mudanças ocorridas na capacidade criativa, cognitiva, motora e comportamental do homem não vieram acompanhadas de mudanças anatômicas e fisiológicas do órgão mais importante do nosso corpo, o cérebro.

O cérebro do *Homo sapiens*, assim como outros órgãos e estruturas do corpo, sofreu modificações ao longo das gerações. O cérebro humano atualmente pesa, em média, cerca de 1,4 kg, mas assim como seu tamanho, no número de ligações sinápticas também houve acréscimo. O cérebro do *H. sapiens* é o órgão mais complexo dentre as espécies conhecidas e sua origem converge para seres muito simples.

O sistema nervoso tem uma função bem específica na vida dos seres que o possuem: propiciar a adaptação ao meio. Para tanto, são necessárias três propriedades: irritabilidade, condutibilidade e contratibilidade. As esponjas foram, muito provavelmente, os primeiros animais a apresentar características que indicam um sistema nervoso primitivo, capaz de transformar estímulos físicos e químicos em impulsos nervosos. Os cnidários seguem a linha temporal evolutiva apresentando células mais diferenciadas, especializadas em sensibilidade e condutibilidade, possibilitando que os estímulos do meio pudessem ser propagados até os músculos mais aprofundados, podendo assim, ter dado origem às células nervosas propriamente ditas, como as conhecemos hoje. Nos anelídeos, além dos neurônios sensitivos, apresentam neurônios eferentes, com sinapses realizando a comunicação entre o neurônio sensitivo e o motor. Eles são dotados de um arco reflexo simples segmentar. Em outras palavras, eles recebem o estímulo do meio, transforma o estímulo em impulsos nervosos que são conduzidos até um músculo, gerando movimento do indivíduo.

Os peixes primitivos representam a próxima etapa da evolução do sistema nervoso. Eles passam a apresentar o que seriam futuramente o tronco encefálico e o hipotálamo, formando o SNC (Sistema Nervoso Central), juntamente com a medula espinhal. Os anfíbios e répteis vêm em seguida, que ao realizar incursões à terra firme, sofreram certas alterações como desenvolver um mecanismo para evitar a perda excessiva de líquidos, nova forma de respiração e, consequentemente, uma nova forma de reprodução, além de novas formas de perceber e interagir com o ambiente, caracterizado, inicialmente, pelo desenvolvimento do lobo olfatório, sendo o olfato, o primeiro sentido desenvolvido pelas espécies terrestres.

Segundo Ribas, o desenvolvimento do olfato foi importantíssimo para a sobrevivência das espécies, pois com ele, era possível identificar plantas comestíveis ou venenosas, detectar predadores e presas, através da memória olfativa, que tinha como órgãos responsáveis as estruturas olfatórias, hipocampos e uma estrutura semelhante às amígdalas. A conexão entre essas estruturas propiciaram o desenvolvimento das primeiras formas de emoção como desejo sexual e medo.

Nos mamíferos, hipocampo e as estruturas a ele relacionadas, como os fórnices e as áreas corticais adjacentes, laterais, teve um grande desenvolvimento, possibilitando assim, que eles pudessem armazenar informações. É a partir deste momento da evolução que os mamíferos, sobretudo o gênero *Homo*, conseguem uma vantagem evolutiva em relação às demais espécies, pois passam a "aprender".

Entre outros grupos de animais, os mamíferos tiveram um desenvolvimento encefálico mais significativo,

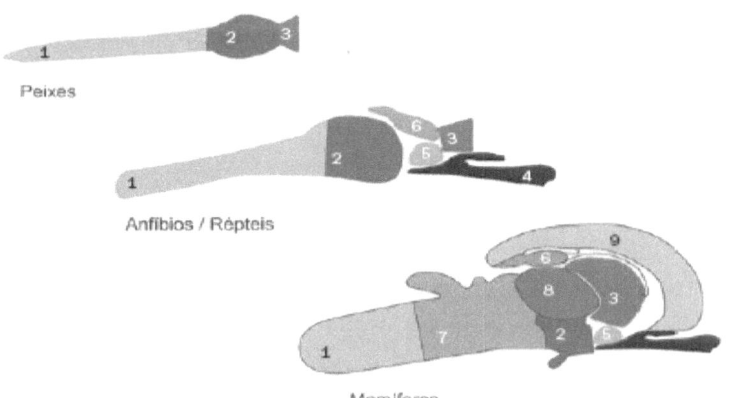

Figura 2 – Esquema da evolução filogenética do sistema nervoso central (adapt. de Nauta WJH e Feirtag M, 1979,[43-45] e baseado em Sarnat HB e Netski MG, 1981[1])

1: segmento medular; 2: hipotálamo; 3: corpo estriado; 4: estruturas olfatórias; 5: amígdala; 6: hipocampo; 7: tronco encefálico; 8: tálamo; 9: neocórtex

proporcionando a essa classe uma complexidade em suas relações inter e intraespecíficas mais acentuadas que as demais espécies[1]. O *Homo sapiens*, por sua vez, teve sua evolução baseada em características anatômico-encefálicas mais voltadas para a cognição, socialização, criatividade, linguagem e outros aspectos que envolvem a inteligência humana, tornando nossa espécie, a mais bem dotada de raciocínio, consequentemente, a espécie com maiores probabilidades de conseguir superar as adversidades naturais, sobretudo por meios artificiais.

A estrutura anatômica cerebral mais importante, no entanto, e que caracteriza nossa existência, não apenas como espécie, mas como pessoa dotada de raciocínio, capaz de refletir sobre o bem e o mal, o certo e o errado, o moral e o imoral, é o córtex cerebral.

Responsável por receber estímulos, interpretá-los e reenviar impulsos, pelo pensamento, controle de movimentos voluntários, linguagem e percepção, o córtex é a estrutura mais externa do cérebro. Ele também é conhecido como substância cinzenta, formado basicamente pelo corpo celular de cerca de 20 bilhões de neurônios. Na parte mais interna do cérebro, ligado ao córtex encontra-se a substância branca, constituída principalmente por fibras dos prolongamentos dos neurônios, os axônios[2].

Na imagem a seguir, pode-se perceber a diferença de tonalidade na cor de partes diferentes do cérebro. A região mais clara, representadas pelo algarismo I, é a substância branca. A região acinzentada, representada pelo algarismo II, é a substância cinzenta.

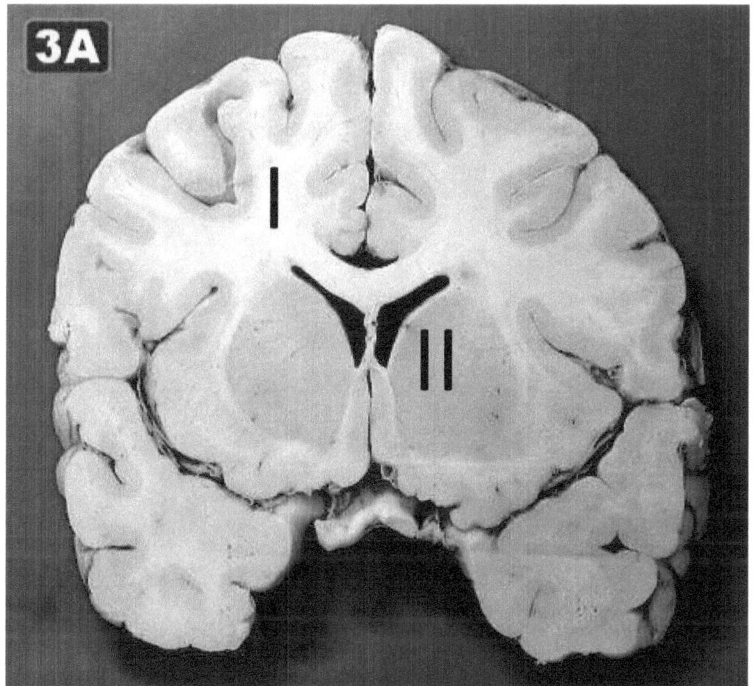

Fonte: NEUPATIMAGEM - UNICAMP. Corte frontal do cérebro

Para quem conhece os livros da Rainha do crime, Agatha Christie, já viu um de seus personagens icônicos, Hercule Poirot, mencionar algo como: "usar a massa cinzenta", quanto precisava refletir sobre algo para solucionar os crimes. Isso se deve ao fato de a massa cinzenta, substância cinzenta ou o termo técnico, córtex cerebral, ser responsável pelo pensamento, pela tomada de decisões. O córtex cerebral é um dos principais responsáveis pela evolução humana, seja biológica, comportamental ou, sobretudo, tecnológica.

Além do pensamento, o córtex cerebral também possui controle motor sobre diversas partes do corpo, além de perceber estímulos, ser responsável pela memória e emoções. Cada função exercida pelo córtex, no entanto, é relativamente restrita a determinadas áreas. Alguns pesquisadores como Von Economo e o casal Vogt identificaram diversas áreas corticais, mas o mapa do córtex mais aceito é o de Korbinian Brodman. Este pesquisador alemão classificou o córtex em cerca de 50 áreas numeradas, ficando conhecidas como Áreas de Brodman[3].

Desta forma, nossos movimentos, nossos sentidos – tato, olfato, visão, paladar –, nossa capacidade de interpretar os estímulos do meio, falar, engolir, aprender, memorizar, processar informações; nosso controle sobre nosso Eu, bem como as atividades autônomas, que não dependem do controle humano, como os movimentos peristálticos do tubo digestório, são controladas por diferentes áreas do nosso complexo e admirável encéfalo[4].

Um episódio, no mínimo curioso, aconteceu nos Estados Unidos em meados do século XIX. Phineas Gage trabalhava na construção de estradas para trilhos de trens. Ele, basicamente, explodia rochas utilizando pólvora e areia, colocadas em um buraco usando uma barra de ferro.

Certa vez, o movimento da barra de ferro produziu uma faísca e a pólvora explodiu acidentalmente, fazendo a barra de ferro atravessar o crânio de Gage e lançá-lo a alguns metros de distância. Incrivelmente, Gage não só sobreviveu como estava lúcido alguns minutos após o acidente. Algumas semanas depois do ocorrido, Gage parecia estar totalmente recuperado, apesar de faltar um pequeno pedaço de seu cérebro, mas ao voltar ao trabalho, seu comportamento era totalmente diferente. Ele passou a demonstrar ser arrogante, impaciente e egoísta[5]. Era uma "outra pessoa". Podemos perceber com esse caso, o quanto nosso cérebro é adaptável e como diferentes regiões assumem papéis diferentes no teatro da psique humana.

Embora não consigamos identificar a olho nu, através de ressonância magnética pode-se perceber diferenças anatômicas e funcionais entre o cérebro de um psicopata e uma pessoa "comum". Crianças que tiveram estresse emocional podem amadurecer excessivamente certas áreas do cérebro, notando-se aumento da substância branca nos lobos temporais e frontal, que desempenham funções emocionais e cognitivas, respectivamente[6].

Será que no extremo oposto poderíamos observar, também, uma alteração na anatomia, contrária à de um psicopata? Se analisássemos os lobos temporais e frontal de uma pessoa que cresceu em uma família, possui uma personalidade altruísta, amorosa e filantrópica, constataríamos um aumento da substância escura nessas áreas?

Algumas estruturas encefálicas estão ligadas à capacidade de interação com outras pessoas. Pessoas com autismo e que possuem alguma anormalidade na estrutura ou na função da amígdala, não conseguem atribuir uma emoção a outra pessoa através do olhar. O paciente autista, não conseguiria, por exemplo, notar uma expressão de medo. O córtex somatosensorial e ínsula estão relacionados com a capacidade de sentir empatia e o córtex pré-frontal ventromedial, resumidamente, regula a conduta, como no caso de Phineas Gage[7].

Meu palpite é que poderíamos encontrar padrões anatômicos bem diferentes entre esses dois tipos de personalidade.

Podemos dizer que o homem possui a capacidade consciente de alterar o meio físico onde vive, seja construindo uma represa, plantando uma floresta ou poluindo o ar, as águas e o solo; ao mesmo tempo, ele sofre modificações. O meio ambiente, a cultura, suas crenças e experiências moldam o comportamento do indivíduo perante os estímulos e essas modificações são notadas anatomicamente.

O homem poderia, então, reunir um acervo dos comportamentos humanos e a anatomia cerebral responsável pelos eles e juntamente com tecnologias IA, desenvolver drogas que controlem os comportamentos humanos de acordo com o padrão "desejado", sobretudo para aqueles indivíduos cujas características anatômicas e funcionais cerebrais apresentam uma tendência a desenvolver comportamentos nocivos à vida em sociedade. Poderia, mas demandaria muito tempo e dinheiro. E o pouco que conhecemos acerca da forma como a saúde pública é tratada, sobretudo em países pobres ou em desenvolvimento, como o Brasil, não podemos esperar que uma solução simplesmente milagrosa como essa seja realizada.

A engenharia genética poderia alterar o DNA de embriões, a fim de excluir a possibilidade de o indivíduo nascer com doenças, transtornos ou síndromes ligadas ao sistema nervoso, além de tratar aqueles que as adquiriram em idades avançadas, como o mal de Alzheimer. E essa realmente pode ser uma vantagem colossal para os seres humanos. Para que isso possa vir a ser concebido, é necessário que as técnicas de edição de genoma sejam aperfeiçoadas. Não querendo ser otimista, mas creio que se a ganância e a irracionalidade humana não superar sua genialidade e resiliência, em poucas décadas teremos avançado bastante.

Estudos sobre o cérebro e seu funcionamento serão imprescindíveis para a evolução humana, tanto no campo da biologia e medicina, como no campo da psicologia, e sociologia.

Pacientes em estado vegetativo mantêm atividade neural. Em um teste com pessoas saudáveis, pesquisadores pediram que os voluntários se imaginassem jogando tênis e depois que se imaginassem caminhando pelos aposentos de suas casas. As áreas cerebrais ativadas nas duas situações são opostas, e desta forma, os pesquisadores usaram esse exercício de forma que uma situação representasse um "sim" e a outra um "não". Realizaram o mesmo teste com pacientes em estado vegetativo e alguns deles mostraram resultados semelhantes[8].

De fato, o homem ainda tem que aprender sobre si mesmo, principalmente sobre o cérebro, mas devido ao sucesso evolutivo do nosso cérebro, fomos capazes de realizar façanhas praticamente impossíveis para outros animais. Proezas que ultrapassam nosso quintal cósmico, como diria Neil deGrasse Tyson. Paradoxalmente, o homem estuda o órgão responsável por perceber, analisar e aprender mais sobre si mesmo.

A inteligência humana, apesar de sua supremacia sobre os outros animais, ainda não consegue promover o que chamo de "evolução artificial", sem deteriorar seu ambiente Desta forma, tanto o meio ambiente quanto suas alterações, causadas possivelmente pelo próprio homem, nunca deixarão de representar os desafios que a natureza impõe a todos os seres vivos na Terra.

A necessidade, assim como o ego, quando somados ao vislumbre da possibilidade e a capacidade de "fazer" parecem ser os ingredientes fundamentais para as alterações que o homem provoca em seu entorno. Aprender a manipular o fogo parece ter sido o primeiro passo para uma sequencia interminável de conhecimentos adquiridos e mudanças realizadas no ambiente como forma de adaptá-lo à necessidade da nossa espécie.

Como vimos, o intelecto e a subjetividade dos quais nossa espécie é dotada, tornou possível e praticável, embora tenhamos consequências, por vezes, devastadoras, a alteração do ambiente, com o intuito de promover sua sobrevivência e desenvolvimento.

Imagino a evolução das espécies, como um grande percurso de um rio, desde pouco depois de sua nascente até sua foz – uso o termo "pouco depois" para que a analogia fique mais leal ao conceito de evolução. Cada rio pode representar uma espécie viva e no percurso de um rio podem ocorrer alguns desvios, ele pode ser bifurcado pelo relevo da região, como o Rio Orinoco, que se divide em um braço, dando origem a outro rio (outra espécie), o Cassiquiare, e este se liga ao rio Negro[9]. Assim como espécies de seres vivos podem ser extintas, ou quase, pela influência do clima, falta de alimento ou pela ação predatória de outra espécie – como o *Homo sapiens* –, um rio pode secar, ou quase, em consequência de mudanças climáticas.

A partir do momento em que o homem percebeu que possuía habilidades, conhecimentos técnicos, os materiais e ferramentas necessárias e, talvez o mais importante a necessidade de se alterar o curso de um rio, o fez.

Os sumérios foi uma civilização que habitou a Mesopotâmia, região que hoje equivale à região do Irã. Tiveram forte influência na arte, escrita e arquitetura. Uma das maiores contribuições desse povo para humanidade, sobretudo, em sua época, e para seus indivíduos, foi o desenvolvimento de construções que os permitiram, de certa forma, controlar os rios Tigre e Eufrates.

Tão eficiente quanto a tecnologia de irrigação dos egípcios, sobre o Nilo, era a forma como os sumérios conseguiram canalizar e represar as águas dos rios Tigres e Eufrates, de forma que pudessem usufruir por mais tempo desse recurso tão fundamental nas terras áridas, propiciando um ambiente viável para a vida sedentária[10].

Atualmente, as técnicas de irrigação das lavouras são assaz desenvolvidas, assim como os métodos de armazenamento. É possível até desviar o curso de rios em pequenas porções de águas, como ocorre no Projeto de Integração do Rio São Francisco, para direcioná-las para regiões distantes que sofrem com a estiagem prolongada[11].

Da mesma forma que o homem aprendeu a controlar com relativo sucesso o curso de rios, frente à necessidade, o que o impede de controlar – ou pelo menos aprender – a evolução da sua própria espécie?

Embora seja uma possibilidade relativamente remota, vimos em capítulos anteriores que nossa espécie vem desenvolvendo e aprimorando tecnologias que tornariam isso possível. Com isso, acredito que em breve o homem será capaz de realizar certos "ajustes" na máquina humana, para que se possa sobreviver às adversidades do ambiente. Mesmo que inicialmente, como já mencionei no capítulo em que explanei a ideia sobre a colonização de outros planetas, seja, em tese, uma tecnologia acessível apenas para uma ínfima parcela da população humana, que seriam os casos de magnatas do petróleo do oriente médio, bem como outros bilionários, dispostos a pagar pequenas fortunas para prolongar sua estadia na Terra.

Poderíamos nos perguntar o porquê de o homem não utilizar a manipulação genética e outras ferramentas biotecnológicas para curar as doenças que mais ameaçam nossa espécie ou realizar as modificações necessárias para uma perfeita adaptação ao seu ambiente. A resposta pode ser, de longe, a mais difícil, mas podemos conjecturar que não temos conhecimento tecnológico o suficiente, e tampouco maturidade moral, ética e consciência social o suficiente para atribuir à própria espécie, aprimoramentos adaptativos. Enquanto houver uma centelha de ganância e egoísmo na personalidade humana, não estaremos seguros contra a possibilidade da tentativa de ascensão e domínio de um indivíduo ou população sobre a outra.

E assim...

Após milhares de gerações reproduzidas sexuadamente, outras milhares de recombinações, milhões de pequenas mutações, características genéticas vantajosas sendo transmitidas hereditariamente; aprimoramento de instrumentos, linguagem; comunicação; transmissão de conhecimentos e produção de novos conhecimentos, o homem se encontra em uma ramificação filogenética, apesar de geneticamente próximos de seus parentes, os primatas, está muito distante cognitivamente.

No âmbito social, acredito que temos muito a evoluir. Individualmente, a autorreflexão se mostra uma ótima ferramenta para a evolução espiritual. Independente da crença religiosa, se pôr no lugar do outro é um exercício que pode nos ajudar a medir nossas ações, consequentemente, evoluir como ser humano e espiritualmente. Ponderar sobre as próprias ações, sobre os próprios pensamentos, e como estes podem afetar o meio em que se vive é uma habilidade que, teoricamente, só os humanos possuem, mas nota-se que grande parte desses animais "racionais", chamados de seres humanos não a utiliza.

Alguns de nós, parece não se utilizar da habilidade de pensar sobre si mesmos, analisar nossas próprias falhas e acertos, como se não estivéssemos preparados para ver nosso verdadeiro EU. Como se algumas pessoas tivessem medo de ao olhar para o espelho da autorreflexão se deparar com uma bruxa má, horrenda, ao invés de uma linda e doce princesa. Olhar para o espelho do EU esperando ver Dr. Jekyll, mas se deparar com Mr. Hyde[1].

No futuro, grandes decisões serão tomadas e para que sejam justas e éticas, a empatia deve ser uma característica presente e constante. Individualmente, a autorreflexão deve funcionar primariamente, analisando se seus atos são condizentes com aquilo que denominamos ético e moral. Em seguida, a empatia, para que possamos ao menos imaginar como nos sentiríamos no lugar do outro.

Desta forma, autorreflexão e empatia devem ser atributos obrigatórios entre os seres humanos, disseminados pela família e por aqueles que compreendem a importância e utilizam essas ferramentas, para que tenhamos um futuro evolutivo biológico e espiritual, próspero e pacífico.

Como diz Mario Sérgio Cortella: *"A nossa grande vantagem como espécie na Árvore da Vida foi a nossa capacidade de continuar inventando galhos. Parte significativa das espécies, até mesmo outros primatas, enveredaram por um galho e nele pararam"*[2].

Como complemento à fala de Cortella, eu diria que nossa espécie não só está inventando novos galhos, como também, tornando-os cada vez mais altos.

Essa característica adquirida pela nossa espécie, sob a luz da ciência, permite que o *Homo sapiens* continue a evoluir, contudo, mantendo um grau de independência da Seleção natural, visto que, como foi explanado em capítulos anteriores deste livro, consegue adaptar-se a diferentes estímulos de forma natural ou, como foi apropriado pelo homem, de forma artificial, na forma de equipamentos, e controlada através de edição do genoma.

O cérebro humano, com toda sua maravilhosa complexidade, foi e é o responsável pela "evolução artificial" humana, da qual apenas ele tem o controle. Suprimindo os estímulos do ambiente, criando adaptações genéticas e capacitando o indivíduo a produzir instrumentos e métodos de adaptações artificiais.

Mas a evolução e desenvolvimento humanos não dependem apenas de fatores genéticos e ambientais. O comportamento do homem diante de seus semelhantes seja como espécie ou como ser racional, também tem papel fundamental, pois algumas concessões ou revogações de projetos científicos que tenham como objeto de estudo e influência o ser humano, podem afetar o curso do desenvolvimento e evolução da nossa espécie.

E assim, espero que as próximas gerações consigam enxergar o verdadeiro significado de ser "humano", compreendam a importância da coexistência com seus semelhantes, e outras espécies de forma justa, pacífica, coerente, ética e, apesar de tudo me levar a crer que o *Homo sapiens* tenha capacidade intelectual de controlar a direção que sua evolução irá tomar. Espero que seja biológica e socialmente democrática. Será um grande desafio, mas são os desafios que nos fazem avançar. Até lá, cabe a nós aceitar as regras naturais e nos adaptarmos, pois no concurso da evolução, a seleção é natural, mas os que não são aprovados não terão outra oportunidade. Desta forma, espero que consigamos permanecer criando novos galhos na nossa árvore genealógica.

Pósfacio

Durante o período em que escrevi este livro, li, obviamente, algumas obras de grandes nomes da ciência, como Richard Dawkins, Charles Darwin e Stephen Hawkins. Este último, no entanto, me provocou um misto de surpresa e espanto. Alguns meses antes de terminar este livro, adquiri uma obra dele: Breves respostas para grandes questões, porém não o li integralmente de imediato. Reiniciando a leitura algumas semanas após ter terminado meu trabalho e para minha espantosa surpresa, em um capítulo sobre a possibilidade de existência de vida inteligente fora da Terra, Hawkins menciona sua credulidade na capacidade futura de o homem alterar seu genoma a fim de promover a adaptação necessária à sua sobrevivência da espécie, bem como as possíveis consequências dessas alterações.

Pelo que agora sei, não sou o único a acreditar nessa ideia. Nem preciso mencionar a honra de compartilhar da ideia de um dos grandes gênios da ciência que viveu neste século. Um dos grandes exemplos de superação.

Espero que eu tenha sido claro o suficiente, acerca das ideias propostas, bem como acerca dos conceitos utilizados em toda a evolução deste trabalho e que todo o conhecimento adquirido aqui, seja disseminado de forma prudente e benevolente. Com o propósito maior de tornar o mundo um lugar melhor, - ou pelo menos, não piorar – a partir de todo o conhecimento acumulado, aprimorado e transmitido, geração após geração. Como nosso próprio genoma.

AGRADECIMENTOS

Agradeço aos meus amigos e companheiros de profissão de Belém do São Francisco, Ibimirim e Cabrobó, pelo apoio constante. Agradeço a todo o pessoal da escola onde trabalho, pela paciência, compreensão e participação nas discussões. Agradeço aos meus amigos e colegas da graduação, por sempre lembrar de que não há distância, na Terra, entre você e seus objetivos que não possa ser superada.

Agradeço a Wellington Gonçalves, Givaldo Silvino, Sérgio Fernandes, Luiz Roberto Freitas, Igor Gomes, Géssica Pontual, Ivison Teixeira, Marcos Vasconcelos, Manoel Heleno Cruz, Adriana Rocha, Francisco Batista, Luidson Robson e a meu amigo e revisor, João Antero Angelo, pelo apoio, conhecimento compartilhado, inspiração e insights proporcionados por nossas discussões. São pessoas cujo currículo, tanto profissional e acadêmico, como os adjetivos de seu bom caráter não caberiam em dez páginas deste livro singelo. Pessoas com as quais tive o prazer de debater os mais diversos assuntos, tirar dúvidas, pedir sugestões e conselhos. Meus mais profundos e sinceros agradecimentos.

Referências bibliográficas

O que é evolução?

1. A origem as espécies através da Seleção natural. DARWIN, Charles Robert.

2. A evolução do recorde dos 100m do atletismo: de 1912 até Usain Bolt. Disponível em: https://acervo.oglobo.globo.com/em-destaque/a-evolucao-do-recorde-dos-100m-do-atletismo-de-1912-ate-usain-bolt-19759180#ixzz5vlo0AkHC. Acessado em 5 de agosto de 2019

3. O quebra-cabeças de Darwin. Disponível em: https://ultimosegundo.ig.com.br/educacao/o-quebracabecas-de-charles-darwin/n1237629540645.html. acessado em 27 de junho de 2019

4. A origem das espécies através da Seleção natural. DARWIN, Charles Robert.

5. Neodarwinismo. Disponível em: https://www.infoescola.com/biologia/teoria-moderna-da-evolucao/. Acessado em 5 de agosto de 2019

6. DANTAS, Bárbara França et al . Taxas de crescimento de mudas de catingueira submetidas a diferentes substratos e sombreamentos. Rev. Árvore, Viçosa , v. 33, n. 3, p. 413-423, jun. 2009 . Disponível em <http://www.scielo.br/scielo.php?script=sci_arttext&pid=S0100-67622009000300003&lng=pt&nrm=iso>. acessos em 25 ago. 2018. http://dx.doi.org/10.1590/S0100-67622009000300003.

7. Caatinga. Disponível em: https://www.mma.gov.br/biomas/caatinga. Acessado em 5 de agosto de 2019

8. Fixismo. Disponível em: https://www.infoescola.com/biologia/fixismo/. Acessado em 5 de agosto de 2019

9. FARIA, F. Felipe A.. Georges Cuvier: história natural em tempos pré-darwinianos. Hist. cienc. saude-Manguinhos, Rio de Janeiro , v. 17, n. 4, p. 1031-1034, Dec. 2010 . Available from <http://www.scielo.br/scielo.php?script=sci_arttext&pid=S0104-

59702010000400013&lng=en&nrm=iso>. access on 05 Aug. 2019. http://dx.doi.org/10.1590/S0104-59702010000400013.

10. Dinossauros e aves: Evolução fez répteis adquirirem penas. Mariana Aprile. https://educacao.uol.com.br/disciplinas/biologia/dinossauros-e-aves-evolucao-fez-repteis-adquirirem-penas.htm. Acessado em 02 de Setembro de 2018

11. "O experimento de Oparin Miller" em *Só Biologia*. Virtuous Tecnologia da Informação, 2008-2018. Consultado em 07/09/2018 às 09:14. Disponível na Internet em https://www.sobiologia.com.br/conteudos/Evolucao/evolucao5.php

12. O gene egoísta. DAWKINS, Richard.

13. INTRODUÇÃO A ALGORITMOS E PROGRAMAÇÃO. FERRARI, Fabrício; CECHINEL, Cristian. UNIVERSIDADE FEDERAL DO PAMPA CAMPUS BAGÉ. 2008

Seleção natural x Manipulação genética

1. Sapiens – uma nova história da humanidade. Disponível em: https://super.abril.com.br/ciencia/sapiens-uma-nova-historia-da-humanidade/. Acessado em 5 de agosto de 2019

2. ETAPAS EVOLUTIVAS - Os Primeiros Hominídeos? Disponível em: http://www2.assis.unesp.br/darwinnobrasil/humanev2a.htm. Acessado em 5 de agosto de 2019

3. Evolução Humana e Aspectos Socio-Culturais. Disponível em: http://www2.assis.unesp.br/darwinnobrasil/humanev3.htm. acessado em 5 de agosto de 2019

4. Nós vencemos. Disponível em: https://super.abril.com.br/ciencia/nos-vencemos/. Acessado em 5 de agosto de 2019

5. JUNQUEIRA, L.C.; CARNEIRO, J. Biologia Celular e Molecular. 9ª ed. Rio de Janeiro: Guanabara Koogan, 2012.

6. http://revistacarbono.com/artigos/03-epigenetica-e-memoria-celular-marcelofantappie/. Acessado em 19/07/2018

7. Metilação de DNA e Câncer, OLIVEIRA, Aila Francis Paulo de; PLANELLO, Aline Cristiane; ANDIA, Denise Carleto; PARDO, Ana Paula de Souza. Disponível em:

http://www1.inca.gov.br/rbc/n_56/v04/pdf/11_revisao_metilacao_dn a_cancer.pdf. Acessado em 6 de agosto de 2019

8. "Mutação Gênica" em *Só Biologia*. Virtuous Tecnologia da Informação, 2008-2018. Consultado em 07/09/2018 às 10:52. Disponível na Internet em https://www.sobiologia.com.br/conteudos/Citologia2/AcNucleic o10.php

9. Mutação gênica antiga está na origem do albinismo. http://sciam.uol.com.br/mutacao-genica-antiga-esta-na-origem-do-albinismo/. Acessado em 5 de agosto de 2019

Mecanismos de adaptação e sobrevivência – Trapaça ou evolução

Adaptação ao clima

1. http://www.portaldosanimais.com.br/informacoes/urso-pardo/. Acessado em 02/08/2018

2. https://www.infoescola.com/animais/urso-polar/. Acessado em 02/08/2018

3. Quando os seres humanos começaram a usar roupas. Disponível em: https://www.megacurioso.com.br/evolucao/39029-quando-os-seres-humanos-comecam-a-usar-roupas-.htm. Acessado em 7 de setembro de 2019

4. Os trajes do Egito faraônico. Disponível em: http://citrus.uspnet.usp.br/estetica/2011/index.php?option=com_cont ent&view=article&id=14:2009-2-art4&catid=36:revista02&Itemid=37. Acessado em 7 de setembro de 2019

5. Como é fabricada a seda. Disponível em: https://super.abril.com.br/tecnologia/como-e-fabricada-a-seda/. Acessado em 7 de setembro de 2019

6. SOUZA, Líria Alves de. "Polímero Nylon"; *Brasil Escola*. Disponível em: https://brasilescola.uol.com.br/quimica/polimero-nylon.htm. Acesso em 07 de setembro de 2019.

7. Nylon. Disponível em: https://portalvirtuhab.paginas.ufsc.br/nylon/. Acessado em 7 de setembro de 2019

8. Fibras Têxteis. KUASNE, Angela. Ministério Da Educação. Secretaria De Educação Média E Tecnológica. Centro Federal De Educação Tecnológica De Santa Catarina - Unidade De Araranguá. 2008

9. SANTOS, Karini Borges dos; BENTO, Paulo Cesar Barauce; RODACKI, André Luiz Félix. Efeito do uso do traje de neoprene sobre variáveis técnicas, fisiológicas e perceptivas de nadadores. Rev. bras. educ. fís. esporte (Impr.), São Paulo , v. 25, n. 2, p. 189-195, June 2011 . Available from <http://www.scielo.br/scielo.php?script=sci_arttext&pid=S1807-55092011000200002&lng=en&nrm=iso>. access on 07 Sept. 2019. http://dx.doi.org/10.1590/S1807-55092011000200002.

A busca por alimento

1. Endossimbiose: Lynn Margulis. Disponível em: https://www.ib.usp.br/evosite/history/endosym.shtml. acessado em 6 de agosto de 2019

2. Orcas da Antártida trabalham em grupo para capturar foca. DISPONÍVEL EM: https://www.terra.com.br/noticias/ciencia/orcas-da-antartida-trabalham-em-grupo-para-capturar-foca,f66800beca2da310VgnCLD200000bbcceb0aRCRD.html

3. Lobo cinzento. Disponível em: https://www.nationalgeographic.com/animals/mammals/g/gray-wolf/. Acessado em 6 de agosto de 2019

4. *Dionaea muscipula.* J.Ellis. Disponível em: https://www.tudosobreplantas.com.br/asp/plantas/ficha.asp?id_planta=14717. Acessado em 6 de agosto de 2019

5. No jardim de Darwin. Episódio 2. Disponível em: https://www.youtube.com/watch?v=WpctiF7nMtE. Acessado em 6 de agosto de 2019

6. Como o cérebro humano evoluiu graças à cozinha. Disponível em: https://exame.abril.com.br/revista-exame/agradeca-a-cozinha-pelo-seu-cerebro/. Acessado em 10 de agosto de 2019

7. Pasteurização. Disponível em: http://www.ufrgs.br/alimentus1/feira/opconser/opc_pasteur.htm. acessado em 15 de Maio de 2019, às 16: 50

8. Os experimentos de Pasteur. Disponível em: https://mundoeducacao.bol.uol.com.br/biologia/os-experimentos-pasteur.htm. Acessado em 10 de agosto de 2019

9. Biogênese. Disponível em: https://www.todamateria.com.br/biogenese/. Acessado em 15 de Maio de 2019

10. MÉTODOS DE CONSERVAÇÃO DE ALIMENTOS. LEONARDI, Jéssica Gabriela; AZEVEDO, Bruna Marcacini. Pág. 53-60. Revista Saúde em Foco – Edição nº 10 – Ano: 2018

11. A geladeira. Disponível em: https://super.abril.com.br/comportamento/a-geladeira/. Acessado em 18 de maio de 2019

12. CELESTINO, S.M.C. *Princípios de secagem de alimentos.* Planaltina: Embrapa cerrados, 2010.

13. MÉTODOS DE CONSERVAÇÃO DE ALIMENTOS. LEONARDI, Jéssica Gabriela; AZEVEDO, Bruna Marcacini. Pág. 53-60. Revista Saúde em Foco – Edição nº 10 – Ano: 2018

14. Engenheira de alimentos explica os principais malefícios do refrigerante. Disponível em:

https://gauchazh.clicrbs.com.br/saude/vida/noticia/2011/04/engenhei ra-de-alimentos-explica-os-principais-maleficios-do-refrigerante-3273460.html acessado em 10 de agosto de 2019

15. Corante artificial Ponceau 4R: Entenda sua restrição!. Disponível em:
http://maesquecuidamg6pd.com.br/index.php/2017/05/23/corante-artificial-ponceau-4r-entenda-sua-restricao/. Acessado em 18 de maio de 2019

Pique-esconde natural

1. Melanócito. Disponível em: https://www.infoescola.com/citologia/melanocito/. Acessado em 6 de agosto de 2019

2. Albinismo VS câncer de pele. Disponível em: https://www.santacasasp.org.br/portal/site/pub/13173/noticias--albinismo-x-cancer-de-pele. Acessado em 6 de agosto de 2019

10. Raposa-do-ártico. Disponível em: https://www.saberatualizado.com.br/2018/03/raposa-do-artico.html. Acessado em 01 de setembro de 2018

11. Urucum: saiba mais sobre a sementes usadas pelos índios para tingir o corpo. Disponível em:http://www.ebc.com.br/infantil/voce-sabia/2015/09/urucum-saiba-mais-sobre-sementes-usadas-pelos-indios-para-tingir-o-corpo. Acessado em 6 de agosto de 2019

12. Pau-brasil. Disponível em: https://www.portalsaofrancisco.com.br/biologia/pau-brasil. acessado em 6 de agosto de 2019

13. História da tinta. Disponível em: http://wwwo.metalica.com.br/historia-da-tinta. Acessado em 6 de agosto de 2019

14. Zoologia dos invertebrados – Ruppert & Barnes. 6º Ed. Pág. 468.

15. Como o camaleão conseguem mudar de cor. Disponível em:
https://super.abril.com.br/mundo-estranho/como-o-camaleao-
consegue-mudar-de-cor/. Acessado em 10 de agosto de 2019

16. Cores mais exuberantes dos camaleões não são para camuflagem.
Disponível em:
https://www.nationalgeographicbrasil.com/animais/2018/08/camalea
o-reptil-cor-camuflagem-brilho-melanina-mito-florestas. Acessado
em 6 de Outubro de 2018.

17. Herpetologia brasileira. Volume 7 - Número 1 - Fevereiro de 2018
Disponível em: http://sbherpetologia.org.br/wp-
content/uploads/2016/10/lista-de-repteis-2018-2.pdf. Acessado em
10 de agosto de 2019

18. Orquídea Abelha. Disponível em:
http://naturezadivina.org.br/textos/orquidea-abelha/. Acessado em
20 de agosto de 2019

19. População de Pernambuco em 2019. Disponível em:
https://cidades.ibge.gov.br/brasil/pe/panorama. Acessado em 18 de
Dezembro de 2019

20. "Primeira Guerra Mundial" em *Só História*. Virtuous Tecnologia da
Informação, 2009-2019. Consultado em 18/12/2019 às 15:53.
Disponível na Internet
em http://www.sohistoria.com.br/ef2/primeiraguerra/

21. Alexander Fleming e a descoberta da penicilina. J. Bras. Patol Med.
Lab . Volume 45. Número 5 . Outubro 2009 ISSN 1676-2444. Nossa
capa our journal cover

22. GRUMACH, Anete S.; FERRARONI, Natasha R. O PAPEL DA
PENICILINA NA MEDICINA MODERNA. 2006

23. PEREIRA, Eliane Cristina Rezende; SOUZA, Tiago Clemente.
BIOÉTICA E BIODIREITO: UM ESTUDO DE CASO DE
EXPERIÊNCIAS MÉDICAS EM CAMPOS DE
CONCENTRAÇÃO NAZISTAS DURANTE A SEGUNDA
GUERRA MUNDIAL. UNISALESIANO LINS. São Paulo. 2015

24. Biografia de Friedrich Von Schlegel. Disponível em:
    https://www.britannica.com/biography/Friedrich-von-Schlegel.
    Acessado em 19 de Dezembro de 2019

25. Raça ariana. Disponível em:
    https://www.historiadomundo.com.br/artigos/raca-ariana.htm.
    Acessado em 19 de Dezembro de 2019

26. BURRIN, Philippe. *Hitler e os Judeus – Gênese de um genocídio*.
    (trad. Ana Maria Capovilla). Porto Alegre, L&PM, 1990. p. 68.

27. Eugenia nazista. Disponível em:
    https://www.historiadomundo.com.br/idade-contemporanea/eugenia-nazista.htm. Acessado em 19 de dezembro de 2019

28. Francis Galton. Disponível em:
    https://brasilescola.uol.com.br/biografia/francis-galton.htm.
    Acessado em 19 de Dezembro de 2019

29. DEL CONT, Valdeir. Francis Galton: eugenia e hereditariedade. Sci.
    stud., São Paulo , v. 6, n. 2, p. 201-218, June 2008 . Available
    from
    <http://www.scielo.br/scielo.php?script=sci_arttext&pid=S1678-31662008000200004&lng=en&nrm=iso>. access on 19 Dec.
    2019. http://dx.doi.org/10.1590/S1678-31662008000200004.

Território

1. SANTOS, Vanessa Sardinha dos. "Renas"; *Brasil Escola*.
   Disponível em: https://brasilescola.uol.com.br/animais/renas.htm.
   Acesso em 10 de agosto de 2019.

2. Mais da metade da população mundial não tem saneamento básico,
   diz ONU. Disponível em:
   http://agenciabrasil.ebc.com.br/internacional/noticia/2017-07/mais-da-metade-da-populacao-mundial-nao-tem-acesso-saneamento-basico. acessado em 19 de Agosto de 2018

3. Relações Harmônicas Interespecíficas. Disponível em: https://www.algosobre.com.br/biologia/relacoes-harmonicas-interespecificas.html. Acessado em 10 de agosto de 2019

4. ARAGUAIA, Mariana. "Leão (Panthera leo)"; *Brasil Escola*. Disponível em: https://brasilescola.uol.com.br/animais/leao.htm. Acesso em 10 de agosto de 2019

5. Como bactérias que carregamos no intestino podem influenciar nosso peso. Disponível em: https://www.bbc.com/portuguese/vert-fut-47477368. Acessado em 10 de agosto de 2019

6. MAGALHÃES, Lara. Células do corpo humano, Disponível em: https://www.todamateria.com.br/celulas-do-corpo-humano/. Acessado em 10 de agosto de 2019.

Locomoção

1. Zoologia dos invertebrados – Ruppert & Barnes. 6º Ed. São Paulo: Ed. Roca. 1996. Pág. 20

2. Zoologia dos invertebrados – Ruppert & Barnes. 6º Ed. São Paulo: Ed. Roca. 1996. Pág. 110

3. Zoologia dos invertebrados – Ruppert & Barnes. 6º Ed. São Paulo: Ed. Roca. 1996. Pág. 906

4. A vida dos vertebrados, Quarta edição – F. Harvey Pough; Christine M. Janis; John B. Heiser.

5. Dietary habits of the world's largest bats: the philippine flying foxes, *Acerodon jubatus* and *Pteropus vampyrus lanensis*. STIER, sam c.; MILDENSTEIN, tammy l. 2005.

6. ANDRIOLO, Artur; ZERBINI, Alexandre N.. Migração de baleias-jubarte: o que falta conhecer?. Rev. etol., São Paulo , v. 9, n. 2, p. 31-33, dez. 2010 . Disponível em <http://pepsic.bvsalud.org/scielo.php?script=sci_arttext&pid=S1517 -28052010000200004&lng=pt&nrm=iso>. acessos em 11 ago. 2019.

7. Mongol Derby: a corrida de cavalos mais longa e difícil do mundo. Disponível em: https://gooutside.com.br/mongol-derby-corrida-de-cavalos/. Acessado em 11 de agosto de 2019

8. O mundo já tem mais de 1 bilhão de veículos. Disponível em: https://www.noticiasautomotivas.com.br/o-mundo-ja-tem-mais-de-1-bilhao-de-veiculos/. Acessado em 2 de Novembro de 2018, às 12:05

9. Conheça os 5 jatos mais vendidos no mundo. Disponível em: https://todosabordo.blogosfera.uol.com.br/2018/03/04/jatos-executivos-mais-vendidos-do-mundo/. Acessado em 11 de agosto de 2019

Comunicação

1. Zoologia dos invertebrados – Ruppert & Barnes. 6º Ed.

2. A intrigante comunicação das bactérias. HOLLOWAY, Marguerite. Disponível em: http://www2.uol.com.br/sciam/artigos/a_intrigante_comunicacao_das_bacterias.html. acessado em 19 de maio de 2019

3. Mecanismos de comunicação celular. KOHASIGAWA, Rafael Seigi. Disponível em: http://lab-siviero.icb.usp.br/biocel/modulos/MCC/. Acessado em 19 de maio de 2019

4. JUNQUEIRA, L.C.; CARNEIRO, J. Biologia Celular e Molecular. 9ª ed. Rio de Janeiro: Guanabara Koogan, 2012.

5. AS LEIS DA HERANÇA POR GREGOR JOHANN MENDEL, UMA REVOLUÇÃO GENÉTICA. ASTRAUSKAS, Jefferson Pereira NAGASHIMA, Júlio César SACCO, Soraya Regina ZAPPA, Vanessa. 2009

6. Batisteti, Caroline Belotto; Araújo, Elaine Sandra Nabuco de; Caluzi, João José. As interpretações dos estudos de Avery, MacLeod e Maccarty sobre a natureza química do "fator transformante" em bactérias. Filosofia e História da Biologia, v. 3, p. 71-94, 2008.

7. Comportamento animal - YAMAMOTO, Maria Emília & VOLPATO, Gilson Luiz. Organizadores. 2º Edição.

8. Snowdon CT, Hodun A. 1981. Acoustic adaptations in pygmy marmoset contact calls: locational cues vary with distance between conspecifics. *Behavioral Ecology and Sociobiology* 9: 295-300.
9. MAUÉS, Márcia Motta; MARTINS, Marlúcia Bonifácio. Polinização em florestas tropicais: lições de Caxiuanã. Bol. Mus. Para. Emílio Goeldi. Cienc. Nat., Belém, v. 9, n. 3, p. 451-454, set.-dez. 2014
10. SANTOS, Elias Moacir. Escrevendo em hieróglifos. p. 2.
11. A INFORMAÇÃO ESCRITA: DO MANUSCRITO AO TEXTO VIRTUAL. QUEIROZ, RITA DE C. R. DE. Pág. 4
12. Socorro, meu filho não tem limites!. Augusto Cury. Editora Planeta do Brasil. 2018

Medicina

1. AlTMAN, Max. "hoje na história: 370 a.C – Morre Hipócrates, considerado o "pai da medicina". Disponível em: http://www.revistahcsm.coc.fiocruz.br/hoje-na-historia-370-a-c-morre-hipocrates-considerado-o-pai-da-medicina/. Acessado em 13 de agosto de 2019
2. O que foi a peste negra e quanta gente matou? A doença varreu a Europa em menos de quatro anos. Por Redação Mundo Estranho, 4 jul 2018, 20h09 - Publicado em 18 abr 2011, 18h58. Acessado em 13 de agosto de 2019
3. Secretaria de Vigilância em Saúde Departamento de Vigilância Epidemiológica, Série A. Normas e Manuais Técnicos, Manual de Vigilância e Controle da Peste. Disponível em: http://bvsms.saude.gov.br/bvs/publicacoes/manual_vigilancia_controle_peste.pdf. Acessado em 13 de agosto de 2019
4. Tecnologia, educação e tecnocentrismo: as contribuições de Álvaro Vieira Pinto. COSTA E SILVA, Gildemarks. Rev. bras. Estud. pedagog. (online), Brasília, v. 94, n. 238, p. 839-857, set./dez. 2013.

5. Tratamento da peste negra. Disponível em: http://www.saude.gov.br/saude-de-a-z/peste#tratamento. Acessado em 13 de agosto de 2019

6. Convergent evolution in European and Rroma populations reveals pressure exerted by plague on Toll-like receptors. Hafid Laayounia,1, Marije Oostingb,c,1, Pierre Luisia, Mihai Ioanab,d, Santos Alonsoe, Isis Ricaño-Poncef, Gosia Trynkaf,2, Alexandra Zhernakovaf, Theo S. Plantingab,c, Shih-Chin Chengb,c, Jos W. M. van der Meerb,c, Radu Poppg, Ajit Soodh, B. K. Thelmai, Cisca Wijmengaf, Leo A. B. Joostenb,c, Jaume Bertranpetita,3, and Mihai G. Neteab,c,3,4

7. Varíola, sua prevenção vicinal e ameaça como agente de bioterrorismo. LEVI, Guido Carlos; KALLAS, Esper Georges. Rev. Assoc. Med. Bras. 2002. Disponível em: http://bvsms.saude.gov.br/bvs/is_digital/is_0203/pdfs/IS23(2)060.pdf. Acessado em 13 de agosto de 2019

8. Tricomoníase. Disponível em: https://www.minhavida.com.br/saude/temas/tricomoniase. Acessado em 13 de agosto de 2019

9. Aids / HIV: o que é, causas, sintomas, diagnóstico, tratamento e prevenção. Disponível em: http://www.saude.gov.br/saude-de-a-z/aids-hiv. Acessado em 13 de agosto de 2019

Manipulação do ácido desoxirribonucleico

1. CARRER, Helaine; BARBOSA, André Luiz; RAMIRO, Daniel Alves. Biotecnologia na agricultura. Estud. av., São Paulo , v. 24, n. 70, p. 149-164, 2010 . Available from <http://www.scielo.br/scielo.php?script=sci_arttext&pid=S0103-40142010000300010&lng=en&nrm=iso>. access on 13 Aug. 2019. http://dx.doi.org/10.1590/S0103-40142010000300010.

2. Tudo o que você precisa saber sobre a CRISPR, nova ferramenta de edição do DNA. Disponível em: https://gizmodo.uol.com.br/tudo-o-

que-voce-precisa-saber-sobre-a-crispr-nova-ferramenta-de-edicao-de-dna/ Acessado em 14 de agosto de 2019

3. Protein & Cell. May 2015, Volume 6, Issue 5, pp 363–372| Cite as CRISPR/Cas9-mediated gene editing in human tripronuclear zygotes, Authors: Puping Liang; Yanwen Xu; Xiya Zhang; Chenhui Ding; Rui Huang; Zhen Zhang; Jie Lv; Xiaowei Xie; Yuxi Chen; Yujing Li; Ying Sun; Yaofu Bai; Zhou Songyang; Wenbin Ma; Canquan Zhou; Junjiu Huang. Encontrado no site: https://link.springer.com/article/10.1007/s13238-015-0153-5. Acessado em 14 de agosto de 2019

4. Cientistas chineses modificam geneticamente embriões humanos. Disponível em: https://www.nature.com/news/chinese-scientists-genetically-modify-human-embryos-1.17378. Acessado em 16 de agosto de 2019

5. CRISPR. Disponível em: https://drauziovarella.uol.com.br/drauzio/artigos/crispr/. Acessado em 14 de agosto de 2019

6. Prasanta K. Dash1,4, Rafal Kaminski2,4, Ramona Bella2,4, Hang Su1 , Saumi Mathews1 , Taha M. Ahooyi2, Chen Chen2, Pietro Mancuso2, Rahsan Sariyer2, Pasquale Ferrante2, Martina Donadoni2, Jake A. Robinson2, Brady Sillman1 , Zhiyi Lin1 , James R. Hilaire1 , Mary Banoub1 , Monalisha Elango1 , Nagsen Gautam3, R. Lee Mosley1 , Larisa Y. Poluektova1 , JoEllyn McMillan1 , Aditya N. Bade1 , Santhi Gorantla1 , Ilker K. Sariyer2, Tricia H. Burdo2, Won-Bin Young2, Shohreh Amini2, Jennifer Gordon2, Jeffrey M. Jacobson2, Benson Edagwa1 , Kamel Khalili2 & Howard E. Gendelman1. Sequential LASER ART and CRISPR Treatments Eliminate HIV-1 in a Subset of Infected Humanized Mice. 2019

Células-tronco: uma vitória científica

1. Característica do portador de Distrofia Muscular de Duchene (DMD) - Revisão. CAROMANO, Fátima Aparecida. 1999

2. Medicina Individualizada: a genética das doenças cardiovasculares hereditárias. Disponível em: https://alvaroapoio.com.br/inovacao/medicina-individualizada-genetica-das-doencas-cardiovasculares-hereditarias. Acessado em 28 de Setembro de 2018

3. Células tronco. Disponível em: http://celulastroncors.org.br/celulas-tronco-2/. Acessado em 7 de Janeiro de 2020

4. GOLDIM, José Roberto. Bioética: origens e complexidade. Rev HCPA 2006;26(2)

5. TROSTER, Eduardo Juan. Comitês de Bioética. Rev. Assoc. Med. Bras., São Paulo , v. 46, n. 4, p. 296-297, Oct. 2000 . Available from <http://www.scielo.br/scielo.php?script=sci_arttext&pid=S0104-42302000000400013&lng=en&nrm=iso>. access on 07 Jan. 2020. http://dx.doi.org/10.1590/S0104-42302000000400013.

6. Por que é tão difícil definir o que é vida e o que são seres 'vivos'. Disponível em: https://www.bbc.com/portuguese/vert-earth-38800106. Acessado em 12 de Outubro de 2018

7. SANTOS, Vanessa Sardinha dos. "Teoria celular"; *Brasil Escola*. Disponível em: https://brasilescola.uol.com.br/biologia/teoria-celular.htm. Acesso em 16 de agosto de 2019.

8. A bioética do início da vida – Kottow, Miguel.

9. REHEN, Stevens; PAULSEN, Bruna. Células-tronco: o que são? para que servem? Rio de Janeiro: Vieira e Lent. 2007.

10. Cientistas transformam pele humana em células-tronco. Disponível em: http://g1.globo.com/Noticias/Ciencia/0,,MUL186374-5603,00-

CIENTISTAS+TRANSFORMAM+PELE+HUMANA+EM+CELU
LASTRONCO.html. Acessado em 16 de agosto de 2019

11. Procedimento inédito envolverá tecidos retirados de uma terceira pessoa e terá início no final de 2012. Disponível em: https://www.oapd.org.br/brasil-fara-novo-tratamento-de-celulas-tronco/. Acessado em 20 de Setembro de 2018

12. Perfil clínico e funcional dos pacientes com Distrofia Muscular de Duchenne assistidos na Associação Brasileira de Distrofia Muscular (ABDIM). Santos, Nubia Mendes 1; Rezende, Marilia de Moraes 1; Terni, Andréa 1; Hayashi, Maria Clariane Berto 2; Fávero, Francis Meire 2; Quadros, Abrahão Augusto Juviniano 2; Reis, Ludmila Isabel Oliveira dos 3; Adissi, Miriam 4; Langer, Ana Lúcia 4; Fontes, Sissy Veloso 5; Oliveira, Acary Souza Bulle. 2006

13. Brasil testa terapia inédita com células-tronco. Disponível em: https://www.douradosagora.com.br/noticias/ciencia-e-saude/brasil-testa-terapia-inedita-com-celulas-tronco-para-tratar-distrofia-muscular. Acessado em 18 de agosto de 2019

14. Bioimpressão em cirurgia cardíaca. Disponívem em: https://medium.com/polyteck/bioimpressao-em-cirurgia-cardiaca-ae33342bf533. Acessado em 18 de agosto de 2019

15. Bioimpressão de órgãos ganha fôlego de ar fresco. Disponível em : https://news.rice.edu/2019/05/02/organ-bioprinting-gets-a-breath-of-fresh-air-2/. Acessado em 18 de agosto de 2019

16. 3D Printing of Personalized Thick and Perfusable Cardiac Patches and Hearts. Nadav Noor; Assaf Shapira; Reuven Edri; Idan Gal; Lior Wertheim; Tal Dvir. 2019. Disponível em: https://onlinelibrary.wiley.com/doi/10.1002/advs.201900344. Acessado em 18 de agosto de 2019

Fertilização

1. Inseminação artificial. Disponível em: https://clinicagera.com.br/tratamentos/inseminacao-artificial/. Acessado em 20 de agosto de 2019

2. "Pesquisa científica" em *Só Biologia*. Virtuous Tecnologia da Informação, 2008-2019. Consultado em 20/08/2019 às 13:01. Disponível na Internet em https://www.sobiologia.com.br/conteudos/Seresvivos/Ciencias/Trabalhocientifico1.php

3. MOURA, Marisa Decat de; SOUZA, Maria do Carmo Borges de; SCHEFFER, Bruno Brum. Reprodução assistida: Um pouco de história. Rev. SBPH, Rio de Janeiro , v. 12, n. 2, p. 23-42, dez. 2009 . Disponível em <http://pepsic.bvsalud.org/scielo.php?script=sci_arttext&pid=S1516-08582009000200004&lng=pt&nrm=iso>. acessos em 20 ago. 2019.

4. Fertilização In Vitro: o que é, como funciona e custo.. Disponível em: https://www.minhavida.com.br/familia/tudo-sobre/16499-fertilizacao-in-vitro. Acessado em 20 de agosto de 2019

5. Injeção intracitoplasmática de espermatozoide. Disponível em: https://ivi.net.br/tratamentos-reproducao-assistida/icsi/. Acessado em agosto de 2019

6. Causas da azoospermia. Disponível em: https://www.igenomix.com.br/news/causas-da-azoospermia. Acessado em agosto de 2019

7. Introdução á genética, 10º edição, Anthony J. F. Griffths; Susan R. Wessler; Sean B. Carroll; John Doebley

A chave do sucesso evolutivo

1. O gene egoísta. DAWKINS, Richard.

2. Tipos de exames genéticos. Disponível em: https://www.igenomix.com.br/news/tipos-de-exames-geneticos/. Acessado em 20 de agosto de 2019
3. Os segredos de 5 dos países com maior espectativa de vida. https://www.bbc.com/portuguese/geral-40944621. acessado em 29 de Setembro de 2018
4. DIAMOND, Jared. Armas, germes e aço: os destinos das sociedades humanas. Editora Record. 15º Ed. Rio de Janeiro: Record, 2013.

Tecnologia e evolução

1. Especiação. Disponível em: https://www.infoescola.com/biologia/especiacao/. Acessado em 19 de Abril de 2019
2. Tecnologia, educação e tecnocentrismo: as contribuições de Álvaro Vieira Pinto. COSTA E SILVA, Gildemarks. Rev. bras. Estud. pedagog. (online), Brasília, v. 94, n. 238, p. 839-857, set./dez. 2013.

Seleção natural dos sistemas socioeconômicos

1. Zoologia dos invertebrados – Ruppert & Barnes. 6º Ed.
2. SILVA, Daniel Neves. "Queda do Império Romano"; *Brasil Escola*. Disponível em: https://brasilescola.uol.com.br/historiag/queda-imperio-romano.htm. Acesso em 07 de janeiro de 2020.
3. O que é socialismo?. SPINDEL, Arnaldo. Editora brasiliense. 25º edição. 1991.
4. PENA, Rodolfo F. Alves. "O que é Capitalismo?"; *Brasil Escola*. Disponível em: https://brasilescola.uol.com.br/o-que-e/geografia/o-que-e-capitalismo.htm. Acesso em 07 de setembro de 2019.

5. HARARI, Yuval Noah. HOMO DEUS – Uma breve história do amanhã. Companhia das letras. 1º edição. 2016

6. Inteligência artificial aprimora atendimento ao cliente e gestão das empresas. Disponível em: https://www.terra.com.br/noticias/dino/inteligencia-artificial-aprimora-atendimento-ao-cliente-e-gestao-das-empresas,e8435df710ded67bf3723420403537ecp9qw11pr.html. Acessado em 21 de agosto de 2019

A evolução do homem na ficção

1. O poder das emoções sobre o coração. Disponível em: https://istoe.com.br/2282_O+PODER+DAS+EMOCOES+SOBRE+O+CORACAO/. Acessado em 7 de setembro de 2019

2. Resposta ao estresse: I. Homeostase e teoria da alostase. SOUSA, Maria Bernardete Cordeiro de; SILVA, Hélderes Peregrino A.; GALVÃO-COELHO, Nicole Leite. Universidade Federal do Rio Grande do Norte. 2015

3. Ciência do desejo. Disponível em: https://super.abril.com.br/ciencia/ciencia-do-desejo/. Acessado em de Junho de 2019

4. Amor no laboratório. Disponível em: https://super.abril.com.br/ciencia/amor-no-laboratorio/. Acessado em 7 de setembro de 2019

5. Guyton AC, Hall JE. Tratado de Fisiologia Médica. 11ª ed. Rio de Janeiro: Guanabara Koogan; 2006.

6. Weissman MM, Bland RC, Canino GJ, Faravelli C, Greenwald S, Hwu HG, Joyce PR, Karam EG, Lee CK, Lellouch J, Lépine JP, Newman SC, Rubio-Stipec M, Wells JE, Wickramaratne PJ, Wittchen H, Yeh EK. Cross-national epidemiology of major depression and bipolar disorder. JAMA. 1996;276(4):293-9.

7. Causas da depressão. Disponível em: https://www.tuasaude.com/causas-da-depressao/. Acessado em 14 de Janeiro de 2020.

8. Neurociência do amor. PINTO, Fernando Gomes. 2017

9. Anderson IM, Nutt DJ, Deakin JF. Evidence-based guidelines for treating depressive disorders with antidepressants: a revision of the 1993 British Association for Psychopharmacology guidelines. British Association for Psychopharmacology. J Psychopharmacol. 2000;14(1):3-20

10. Os códigos da inteligência. Augusto Cury

11. O que são drogas psicotrópicas. Disponível em: https://www2.unifesp.br/dpsicobio/cebrid/folhetos/drogas_.htm. Acessado em de Junho de 2019

12. DUARTE, Danilo Freire. Ópio e opióides: uma breve história. Rev. Bras. Anestesiol. , Campinas, v. 55, n. 1, p. 135-146, fevereiro de 2005. Disponível em <http://www.scielo.br/scielo.php?script=sci_arttext&pid=S0034-70942005000100015&lng=en&nrm=iso>. acesso em 07 set. 2019. http://dx.doi.org/10.1590/S0034-70942005000100015.

13. Clonagem. Disponível em: https://cib.org.br/clonagem/. Acessado em 7 de setembro de 2019

14. Pela primeira vez, chineses clonam macacos com a mesma técnica da ovelha Dolly. Disponível em: https://g1.globo.com/ciencia-e-saude/noticia/pela-primeira-vez-cientistas-chineses-clonam-macacos-com-mesma-tecnica-da-ovelha-dolly.ghtml. Acessado em 7 de setembro de 2019

15. Casal brasileiro gera filha selecionada geneticamente para curar a irmã. Disponível em: https://veja.abril.com.br/saude/casal-brasileiro-gera-filha-selecionada-geneticamente-para-curar-a-irma/. Acessado em 22 de agosto de 2019

16. A geração dos bebês nascidos para curar. Disponível em: https://saude.ig.com.br/minhasaude/2013-05-02/a-geracao-dos-bebes-nascidos-para-curar.html. Acessado em 23 de maio de 2019.

17. Mãe gera bebê com anencefalia para doar seus órgãos para outras crianças. Disponível em: https://universa.uol.com.br/noticias/redacao/2019/01/18/mae-gera-bebe-com-anencefalia-para-doar-seus-orgaos-para-outras-criancas.htm. Acessado em 22 de maio de 2019.

18. Anencefalia: Causas de uma malformação congênita. ALBERTO, Miryan Vilia Lança; GALDOS, Alvaro Carlos Riveros; MIGLINO, Maria Angélica; SANTOS, Jose Manoel dos. Rev. Neurociências. 2010.

19. Zoologia dos invertebrados – Ruppert & Barnes. 6º Ed. Pág.

20. Posição religiosa e ética sobre tratamentos médicos e assuntos relacionados. Associação Torre de vigia de Bíblias e tratados. 2012

21. MAGALHÃES, Lara. Células do corpo humano, Disponível em: https://www.todamateria.com.br/celulas-do-corpo-humano/. Acessado em 10 de agosto de 2019.

22. Admirável mundo novo. HUXLEY, Audus.

Homo sapiens x planeta Terra

1. Tese do aquecimento global é frágil, afirma meteorologista Luiz Molion. Fonte: Agência Senado. Disponível em: https://www12.senado.leg.br/noticias/materias/2019/05/28/tese-do-aquecimento-global-e-fragil-afirma-meteorologista-luiz-molion. Acessado em 3 de setembro de 2019

2. Planeta potencialmente habitável é descoberto em novo sistema solar. Disponível em: https://www.folhape.com.br/noticias/noticias/mundo/2019/08/02/NWS,112384,70,451,NOTICIAS,2190-PLANETA-POTENCIALMENTE-HABITAVEL-DESCOBERTO-NOVO-SISTEMA-SOLAR.aspx. Acessado em 27 de agosto de 2019

3. ODUM ,E. P. Fundamentos de Ecologia. 6ª ed. São Paulo: Fundação Calouste Gulbenkian , 2004.

4. PACHECO, Maria Raquel Pereira dos Santos; HELENE, Maria Elisa Marcondes. Atmosfera, fluxos de carbono e fertilização por CO2. Estud. av., São Paulo , v. 4, n. 9, p. 204-220, Aug. 1990 . Available from <http://www.scielo.br/scielo.php?script=sci_arttext&pid=S0103-40141990000200010&lng=en&nrm=iso>. access on 27 Aug. 2019. http://dx.doi.org/10.1590/S0103-40141990000200010.

5. TILIO NETO, PD. Ecopolítica das mudanças climáticas: o IPCC e o ecologismo dos pobres [online]. Rio de Janeiro: Centro Edelstein de Pesquisas Sociais, 2010. As mudanças climáticas na ordem ambiental internacional. p-77.

Qual o próximo passo da evolução humana?

1. Quem é melhor no xadrez: o homem ou o computador? Ou ambos?. Disponível em: https://www.bbc.com/portuguese/noticias/2016/01/160122_vert_fut_xadrez_maquina_fd. Acessado em 22 de agosto de 2019

2. Afinal, o que é Deep learning?. Disponível em: https://gaea.com.br/afinal-o-que-e-deep-learning/. Acessado em 22 de agosto de 2019

3. Após derrotar campeão mundial, Alpha Go aprende a jogar sozinho. Disponível em: https://www.b9.com.br/80199/apos-derrotar-campeao-mundial-alphago-aprende-a-jogar-sozinho/. Acessado em 22 de agosto de 2019

4. Afinal, o que é Deep learning?. Disponível em: https://gaea.com.br/afinal-o-que-e-deep-learning/. Acessado em 3 de setembro de 2019

5. Origem. Brown, DAN. 2017

6. HARARI, Yuval Noah. HOMO DEUS – Uma breve história do amanhã. Companhia das letras. 1º edição. 2016

7. Elon Musk promete 1 milhão de táxis autônomos da Tesla em 2020. Disponível em: https://www.tecmundo.com.br/mobilidade-urbana-smart-cities/140606-elon-musk-promete-1-milhao-taxis-autonomos-tesla-2020.htm. Acessado em 29 de maio de 2019

8. Estação espacial internacional. Disponível em: https://alunosonline.uol.com.br/fisica/estacao-espacial-internacional.html. acessado em 3 de agosto de 2019

9. Elon Musk. Disponível em: https://canaltech.com.br/celebridade/elon-musk/. Acessado em 7 de junho de 2019.

10. Hiroshima e Nagasaki – Bombas e terror. Disponível em: https://www.historiadomundo.com.br/idade-contemporanea/hiroshima-e-nagasaki-bombas-e-terror.htm. Acessado em 23 de junho de 2019

11. CHERNOBYL - A CATÁSTROFE. SUGUIMOTO1, Djmes Yoshikazu de Lima; CASTILHO2, Maria Augusta de. 2014

12. Chico Xavier - Pinga Fogo 1971 - Parte 6/10 - Água na Lua: Chico já sabia. Disponível em: https://www.youtube.com/watch?v=6i6lhp3HadQ&t=313s. acessado em 3 de setembro de 2019

13. Super-ricos ficam com 82% da riqueza gerada no mundo em 2017, diz estudo. Disponível em: https://g1.globo.com/economia/noticia/super-ricos-ficam-com-82-da-riqueza-gerada-no-mundo-em-2017-diz-estudo.ghtml. Acessado em 11 de junho de 2019

14. O que acontece com o seu corpo após 1000 dias no espaço. Disponível em: https://revistagalileu.globo.com/Ciencia/Espaco/noticia/2015/07/o-que-acontece-com-o-seu-corpo-apos-1000-dias-no-espaco.html. Acessado em 13 de junho de 2019

15. Marte. Disponível em: https://ciencia.estadao.com.br/noticias/geral,veiculo-espacial-da-nasa-descobre-moleculas-organicas-em-marte,70002341993 Acessado em 18 de junho de 2019

16. Marte - O planeta vermelho é o único, além da Terra, que possui clima. Disponível em: https://educacao.uol.com.br/disciplinas/ciencias/marte-o-planeta-vermelho-e-o-unico-alem-da-terra-que-possui-clima.htm. Acessado em 28 de junho de 2019

17. Argônio. Disponível em: https://www.infoescola.com/elementos-quimicos/argonio/. Acessado em 17 de junho de 2019

18. Marte de perto. RIBEIRO, Marcos Paulo. LNA – Laboratório Nacional de Astrofísica.

19. MARTINS, Zita. Procura de vida em Marte: futuras missões ao planeta vermelho. Consciências '04 – 2011/ PP.157 – 164.

20. HECHT. M. H., KOUNAVES. S. P, QUINN R. C., WEST S. J., YOUNG S. M. M., MING D. W., CATLING D. C., CLARK B. C., BOYNTON W. V., HOFFMAN J., DEFLORES L. P., GOSPODINOVA K., KAPIT J., SMITH P. H. 2009. Detection of perchlorate and soluble chemistry of Martian soil at the Phoenix lander site. Science 325, 64.

21. Veículo espacial da Nasa encontra moléculas orgânicas em Marte. Disponível em: https://ciencia.estadao.com.br/noticias/geral,veiculo-espacial-da-nasa-descobre-moleculas-organicas-em-marte,70002341993. Acessado em 6 de setembro de 2019

22. Cientistas debatem sobre os efeitos causados por viagens para fora da Terra. Disponível em: https://revistagalileu.globo.com/Revista/noticia/2015/03/cientistas-debatem-sobre-os-efeitos-psicologicos-causados-por-viagens-para-fora-da-terra.html. Acessado em 6 de setembro de 2019

23. Efeitos biológicos das radiações ionizantes. Acidente radiológico de Goiânia. OKUNO, Emico. Estudos avançados. 2013

24. A camada de ozônio. Disponível em: http://www.mma.gov.br/clima/protecao-da-camada-de-ozonio/a-camada-de-ozonio. Acessado em 23 de junho de 2019

25. Radiação cósmica. Disponível em: https://super.abril.com.br/tecnologia/radiacao-cosmica/. Acessado em 6 de setembro de 2019

26. Urso polar. Disponível em: https://www.infoescola.com/animais/urso-polar/. Acessado em 6 de setembro de 2019

27. Como é um traje espacial?. Disponível em: https://super.abril.com.br/mundo-estranho/como-e-um-traje-espacial/. Acessado em 25 de junho de 2019

28. Missão tripulada a Marte deflagra era espacial liderada por empresas privadas. Disponível em: https://epocanegocios.globo.com/Tecnologia/noticia/2018/01/epoca-negocios-missao-tripulada-a-marte-deflagra-era-espacial-liderada-por-empresas-privadas.html. Acessado em 25 de junho de 2019

Evolução do comportamento e pensamento humano

1. TANCREDI, Silvia. "Leonardo da Vinci"; *Brasil Escola*. Disponível em: https://brasilescola.uol.com.br/biografia/leonardo-vinci.htm. Acesso em 30 de agosto de 2019.

2. Genghis Khan e o legado mongol. Disponível em: https://www.em.com.br/app/noticia/especiais/educacao/enem/2015/05/04/noticia-especial-enem,643800/gengis-khan-e-o-legado-mongol.shtml. Acessado em 6 de setembro de 2019.

3. Hitler. Disponível em: http://www.historialivre.com/contemporanea/hitler.htm. Acessado em 6 de setembro de 2019

4. A consciência dos animais – eles tem emoções e sabem quem são. Disponível em: https://www.brasil247.com/oasis/a-consciencia-dos-animais-eles-tem-emocoes-sao-inteligentes-e-sabem-quem-sao. Acessado em 28 de junho de 2019

5. Código de hamurabi. Disponível em: http://www.direitoshumanos.usp.br/index.php/Documentos-anteriores-%C3%A0-cria%C3%A7%C3%A3o-da-Sociedade-das-Na%C3%A7%C3%B5es-at%C3%A9-1919/codigo-de-hamurabi.html. Acessado em 1 de agosto de 2019

6. Evolução dos modelos atômicos de Leucipo a Rutherford. OLIVEIRA, Ótom Anselmo de; FERNANDES, Joana D'Arc Gomes. Natal (RN) : EDUFRN – Editora da UFRN, 2006.

7. Curiosidades sobre Nicolau Copérnico, pai do heliocentrismo. Disponível em: https://revistagalileu.globo.com/Ciencia/noticia/2018/02/8-curiosidades-sobre-nicolau-copernico-pai-do-heliocentrismo.html. Acessado em 1 de agosto de 2019

8. Isaac Newton. Disponivel em: https://www.ebiografia.com/isaac_newton/. Acessado em 1 de agosto de 2019

9. O gene egoísta. DAWKINS, Richard.

10. Thomas Malthus - http://www.economiabr.net/biografia/malthus.html. Acessado em 12 de Setembro de 2018

11. "Bônus bebe" e "filho único" são exemplos de controle populacional. http://g1.globo.com/mundo/noticia/2011/10/bonus-bebe-e-filho-unico-sao-exemplos-de-controle-populacional.html. Acessado em 12 de Setembro de 2018

12. Agência da ONU diz que 20 milhões podem morrer de fome na África. Disponível em: http://agenciabrasil.ebc.com.br/internacional/noticia/2017-04/jose-graziano-diz-que-20-milhoes-podem-morrer-de-fome-na-africa. Acessado em 6 de setembro de 2019

13. "Mitologia Grega" em *Só História*. Virtuous Tecnologia da Informação, 2009-2018. Consultado em 09/09/2018 às 13:55. Disponível na Internet em http://www.sohistoria.com.br/ef2/mitologiagrega/

14. DA SILVA, Eliane Moura. Religião, Diversidade e Valores Culturais: conceitos teóricos e a educação para a Cidadania. Revista de Estudos da Religião. pp. 1-14. 2004

15. As Cruzadas. https://escolaeducacao.com.br/as-cruzadas/. Por Castro Alves, Lorena. Acessado em 30 de Setembro de 2018

16. O que a Igreja diz sobre clonagem humana. Encontrado em: https://formacao.cancaonova.com/igreja/doutrina/o-que-a-igreja-diz-sobre-clonagem-humana/. Acessa do em 4 de Outubro de 2018, às 23:19

17. VICTORINO, Valério Igor P. A revolução da biotecnologia: questões da sociabilidade. Tempo soc. São Paulo, v. 12, n. 2, p. 129-145, novembro de 2000. Disponível em <http://www.scielo.br/scielo.php?script=sci_arttext&pid=S0103-20702000000200010&lng=en&nrm=iso>. acesso em 05 out. 2018. http://dx.doi.org/10.1590/S0103-20702000000200010.

18. XAVIER, Francisco Cândido; VIEIRA, Waldo. Evolução em dois mundos. Ditado pelo espírito André Luiz.

Fisiologia da evolução do pensamento

1. RIBAS, Guilherme Carvalhal. Considerações sobre a evolução filogenética do sistema nervoso, o comportamento e a emergência da consciência. Pág. 326- 338. 2006

2. MACHADO, Angelo. Neuroanatomia funcional. 2º Edição. Atheneu

3. Estrutura e Funções do Córtex Cerebral. SANTOS, Rocilene Otaviano dos. Centro Universitário de Brasília - Faculdade de Ciências da Saúde. 2002

4. NEUROANATOMIA FUNCIONAL Anatomia das areas activaveis nos usuais paradigmas em ressonância magnética funcional. PEREIRA, Jorge Resende; REIS, Ana Mafalda; MAGALHÃES,

Zita. 2003. Disponível em: http://www.fonovim.com.br/arquivos/61d5bdcd0257dd12de3000cc5852c334-Neuro-les--es-resson--ncia.pdf

5. O Curioso Caso de Phineas Gage e a barra de ferro que atravessou sua cabeça. Disponível em: https://www.psiconlinews.com/2015/12/o-curioso-caso-de-phineas-gage-e-barra-de-ferro-que-atravessou-sua-cabeca.html. Acessado em 29 de junho de 2019

6. Assim é o cérebro de um psicopata. Disponível em: https://brasil.elpais.com/brasil/2018/12/13/ciencia/1544726930_213001.html. Acessado em 29 de junho de 2019

7. BUTMAN, Judith; ALLEGRI, Ricardo F.. A Cognição Social e o Córtex Cerebral. Psicol. Reflex. Crit., Porto Alegre , v. 14, n. 2, p. 275-279, 2001 . Disponível em <http://www.scielo.br/scielo.php?script=sci_arttext&pid=S0102-79722001000200003&lng=pt&nrm=iso>. acessos em 19 ago. 2018. http://dx.doi.org/10.1590/S0102-79722001000200003.

8. Por dentro da mente em estado vegetativo. Disponível em: https://www.bbc.com/portuguese/noticias/2015/01/141230_vert_fut_estado_vegetativo_ml . Acessado em 26 de junho de 2019

9. CASSIQUIARE: O CANAL DA INTEGRAÇÃO FLUVIAL ENTRE BRASIL E VENEZUELA. BARROS, Pedro Silva; CÓRDOVA, Jesús Alberto Mercado. 2014

10. Os sumérios. Disponível em: https://historiazine.com/os-sum%C3%A9rios-e8d97cdd163c. acessado em 2 de agosto de 2019

11. Como o projeto de integração do Rio São Francisco leva água a milhões. Disponível em: https://www.huffpostbrasil.com/2018/12/20/como-o-projeto-de-integracao-do-rio-sao-francisco-leva-agua-a-milhoes_a_23623622/. Acessado em 1 de agosto de 2019

E assim...

1. O médico e o monstro. STEVENSON, Robert Louis.

2. A sorte segue a coragem: oportunidades, competências e tempos de vida – Mario Sergio Cortella. 2018